北京联合出版公司
Beijing United Publishing Co.,Ltd.

图书在版编目（CIP）数据

刘在锡：从沉寂无闻到风靡亚洲 / 金荣柱著；吴阳译. —北京：北京联合出版公司，2015.12

ISBN 978-7-5502-6646-9

Ⅰ. ①刘… Ⅱ. ①金… ②吴… Ⅲ. ①刘在锡–传记 Ⅳ. ①K833.126.578

中国版本图书馆CIP数据核字（2015）第268721号

北京市版权局著作权合同登记号：图字01-2015-6491号

刘在锡：从沉寂无闻到风靡亚洲

作　　者：金荣柱
译　　者：吴　阳
选题策划：北京磨铁图书有限公司
责任编辑：唐乃馨　夏应鹏
版式设计：刘碧微

北京联合出版公司出版
（北京市西城区德外大街83号楼9层　100088）
北京京都六环印刷厂印刷　新华书店经销
字数165千字　700毫米×980毫米　1/16　印张17
2016年3月第1版　2016年3月第1次印刷
ISBN 978-7-5502-6646-9
定价：36.80元

致中国读者

这真是想都没有想到过的事。当听说我的书将在中国出版时，我有点蒙了。几年前我就知道，韩国的娱乐节目很受中国观众的喜爱。听说之前曾与我共事过的金英姬编导的作品《我是歌手》在中国改版，已经播到了第三季。我满怀热情参与过制作的MBC《星期天晚上》的节目《爸爸去哪儿》也有了中国版，而且十分受欢迎。尤其是刘在锡参与演出的节目——SBS《RUNNING MAN》人气爆棚。听说CCTV还要和MBC合作制作《无限挑战》。在这种情况下，我写的关于刘在锡的书居然能与中国的读者朋友们见面，真的非常感谢刘在锡。我还想对写了这本书的自己说，选得好！

我是一名韩国电视编剧。1992年，初入行就进了MBC，做过

《星期天晚上》《快乐星期六》等娱乐节目，以及《寻找吧！美味TV》《Living秀，你的六点钟》等多档资讯类节目。现在正在参与JTBC《金济东的Talk To You》和MBN《黄仁龙，姜富子——哭泣的妈妈》的制作。

不知道大家是否认识金济东，他是韩国很棒的主持人。和许多艺人不同的是，他的思想很深刻。尤其特别的是，他经常会将话题往关注社会问题的方向去引导。他能一个人拿着话筒站在很多听众面前讲三四个小时，是“韩国屈指可数的男性主持人”（这种说法是金济东自诩的，不过，我认为很正确）。

金济东还有一个特别之处——他每周至少和刘在锡见四五次，他们在同一家健身俱乐部运动。用他自己的话来说，他不是和刘在锡一起运动，而是在帮助刘在锡运动。他总是不满地说：“在锡哥疯了，他每次一运动就要四个小时。这是人能做到的吗？”由此可知，刘在锡果然不是寻常人。

身为一个笑星、一个主持人，他究竟为什么这么努力地运动呢？现在他已经年过不惑。虽然从根本上讲，运动是为了保持体力不衰退。但是对于他来说，还有更明确的理由。他说：“《RUNNING MAN》和《无限挑战》经常进行追击战，如果我跟不上后辈们，那就没意思了。”刘在锡这个人，想的都是节目。包括运动在内，所有的举动都是为了节目而存在。

有很多原因促使我写这本书，对刘在锡进行稍深入一些的研究。其中最直接的原因是一个后辈编剧所说的话。这个后辈是个很有意思的人，他在韩国的国民人气喜剧节目——KBS《笑星演唱会》担任主编剧已经有七年了。有天，在酒桌上他和我说："哥，你认识在锡吧？从他还是个新人的时候我就认识他。可是，现在做了明星的在锡和以前的在锡完全不是一个人。简直太神奇了！"

我是谁啊！虽然和两三个人一起喝上三瓶烧酒就有点犯迷糊，但是一下子就来了兴致。于是我说："是嘛嘛嘛嘛嘛？"（不久前，从《笑星演唱会》开始流行起来的流行语）十年前，刘在锡和我曾在KBS的《喜剧世界》节目中有过合作。但是当时他并没有走进我的视线。那时，现在牢牢占据刘在锡身后，位居第二位的主持人朴明秀比刘在锡更受欢迎。但是，十年之后，彼时身处那样地位的一个人已经成了名人。正如诸位所知，现在他已经成了韩国名列首位的国民明星。所以，我怎么能不想深入了解他呢？

于是我立刻就付诸实践了。从童年到青春期，他有着怎样的经历？做了笑星后表演了哪些节目？在这个过程中，发生了哪些事情，他的思想发生了什么样的转变？我决心详细了解。在深入了解刘在锡的过程中，我产生了要做编剧界的刘在锡的想法，于是我就写了这本书。现在，这本书又将在中国出版了。

我很好奇，中国的各位读者朋友们喜欢这个叫刘在锡的韩国笑星、MC的哪些特质？我还想知道，我喜欢的刘在锡的方方面面，与各位中国读者喜欢的刘在锡的特点中，有哪些相同，又有哪些不同。

不论如何，希望看过这本书，读者朋友们会更加关注刘在锡，关注韩国。作为一名韩国编剧，我盼望能通过电视节目和书籍与读者朋友们多多见面。最后，希望大家对几乎每天都和刘在锡在一起的金济东也能多一些关注。谢谢！

2015年3月28日　于韩国

金荣柱

目录

写在开篇

第一部

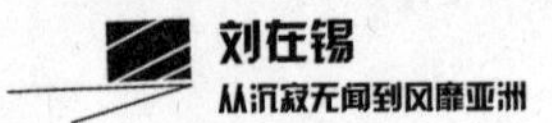
刘在锡
从沉寂无闻到风靡亚洲

第二部

娱乐守则
刘在锡的7个习惯 / 139

第三部

像刘在锡一样搞笑吧！
我也能做刘在锡 / 197

我不知道机会是否会降临，

但如果终于迎来受欢迎被认可的那天，

定不会忘怀今时今日。

我夜夜祈祷，盼望愿望得以实现。

我选择了这条路，却不知道自己是否选对了路。

若能得赐机遇，定不忘今日祈愿。

我愿意，做一个福报众生的人。

我愿意，做一个还恩众人的人。

写在开篇

为什么我们需要娱乐能力

Running man

其实，我们每天的日常生活都是直播，是没有剧本的娱乐表演。每天都是脱口秀、是竞技秀，有时还是“隐藏摄像机”。我们得不停地挑战，不停地应对各种类型的嘉宾。既有需要独立完成任务的时候，也会遇到许多需要与其他人通力协作的情况。

如果我们努力提升自己的娱乐能力，那么随之而来的，将会是越发广阔的人际关系。获得他人的好感将变得更轻松。最终，我们的生活质量也会随之得到提升。还有研究结果表明，年薪也会跟着提高。

让我们来看看普通上班族的一天吧。最先上演的，是全家一起参与的晨间节目。在这个节目中，要求我们具备使夫妻之间、亲子之间能够产生共鸣的主持能力。上班后，收到来自上司的传召，我们即将开始一场一对一的脱口秀。这时的情境要求我们具备互动式的谈话能力。

临近午休时间，我们得准备最能放松心情去享受的节目。要主持讨论大部分人最苦恼的话题——“中午吃什么呢？”既要考虑到错综复杂的利害关系，还得尽可能迎合每个人的饮食口味和喜好。有些人会因为一点点小事就觉得内心很受伤，这种情况时有发生。

所以排出一份完美的菜单是相当重要的事。等到大家各抒己见，七嘴八舌地讨论好了菜单，节目的性质就转换成了美食综艺。品鉴过美食，大家会互相倾诉近况，毫无压力地倾吐自己最近关心的话题和烦恼的事情。午休过后，接下来还有类似《100分讨论》的科教节目在等着我们。这个节目与我们的工作直接相关联，在这个舞台上，彼此的业务能力和处世艺术等将发生激烈的碰撞。所以，主持人的角色就显得愈加重要。

结束了一天的工作。韩国上班族最热衷的节目——实境综艺节目即将展开。人们在交杯换盏之间尽释前嫌。在这个舞台上，最需要的就是诚恳的交流。此前没能做到的坦白和没能吐露的真心话没完没了，还可能上演一言不合拳脚相加的场面。所以，在这个节目中要求主持人有高超的控场能力。并且，这个节目后面还经常跟着含有唱歌和游戏环节的第二轮表演。此时，只有那种既拥有自黑精神，又具备舍己为人的心态，并且展示出了超强娱乐能力的人才能成为众人注目的焦点。

演出到这儿还没结束。如果过了深夜十二点才进家门，那还得做好拍摄《爱情与战争》实境节目的准备。今天这一系列变化多端的娱乐表演究竟是圆满落幕还是悲剧收场，就取决于这个节目操作得好还是不好了。当然，作为后补节目，接下来还可能上演类似摔跤的体育综艺。这个节目演还是不演，演出质量如何，完全取决于个人。

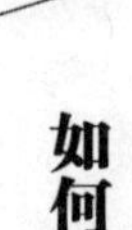

娱乐能力的根本在于"幽默"。走进书店你会发现，有许许多多的书都号称能教会人们如何幽默。它们说，这么做就能掌握幽默的秘诀。这些书或在说应该多背些逸闻趣事，或在说要转变思维方式，或在说应该培养自信。所有这些诀窍都是对的。只要努力按照书上所教的方法去做，大家都能成为擅长幽默的高手。而我在本书中所要推荐的方法是——找出一个幽默大师，将其当作模仿的对象，熟悉并效仿他的幽默方式。如果觉得这个方法不错的话，大家可以搜索一下近来当红的幽默大师。

有些朋友也许会问，幽默大师该怎么找？幽默大师当然都集中在一个地方了。

他们都在电视里！我们只要从中选出合自己心意的人就可以了。只要留心观察，总会遇到符合自己心意的导师的。

在众多的幽默大师中，我选择了刘在锡做我的导师。印象主义是我所奉行的哲学之一。人的印象很重要，不一定要形象好，但是感觉一定要对，要是那种容易使人产生好感的印象。这是一种很微妙的感觉，很难用语言来形容。刘在锡给人的印象就很好。这就是我选择刘在锡做我的幽默导师的第一个原因。

第二个原因是，刘在锡的幽默很舒适。仔细观察就会发现，娱乐艺人运用幽默的方法多种多样，非常丰富。有威慑式的幽默，有自嘲式的幽默，有大喊大叫式的幽默，有嘲讽式的幽默，有挑拨离间式的幽默，也有毒舌派的幽默。而刘在锡的幽默，最突出的特点就是舒适，使人安心，能让很多人点头表示赞同。我觉得这样很好。

第三个原因是，他的幽默充满了生活气息。在将近10年的无名岁月的磨砺中，他的幽默被磨平了棱角，在反复的磋磨中日渐稳妥。这使他的幽默承载了不骄不躁的生活重量。

本书是（韩国）国内第一本，不对，是世界上第一本专门研究刘在锡的书。他已经被推崇为（韩国）国民MC了，却没有一本专为他写的书。我对此有些不满。市面上有难计其数的书在写安哲秀。刘在锡有什么比不上安哲秀的？刘在锡个子又高，脸盘又小，还非常搞笑。而安哲秀顶多就是个总统候选人呗。可是刘在锡已经是娱乐总统了，他是最棒的刘皇帝！

所以，我全方位地观察了他是如何度过漫长的无名岁月成为明星的，他用语言和行动展示出来的娱乐法则是什么；详细地记录了他的搞笑方式。并且，尽可能地融入了我做娱乐编剧的经验。

请大家通过这本书来了解成为韩国娱乐王牌的诀窍吧。像刘在锡一样欢笑、模仿，你就可以领悟他成为娱乐王牌的秘诀了。正如电影《黑客帝国》中有上百个特工一样，现实中也可以有很多的“娱乐王牌刘在锡”，只要我们做好心理准备就好了。练习做个幽默的人，不会有嘴唇磨厚的副作用。大家敬请放心。

第一部

挑战！从默默无闻到声名大噪

刘在锡TV

Running man

金国振、申东烨、李英子、李京奎、李辉才、赵蕙莲、李洪烈、丁善姬、洪录基、姜虎东、李敬实、南希锡、徐京锡、金美花、金勇万、洪奇勋、张美花、朴洙弘、徐世源、金京石。

这是某杂志统计的“最佳笑星人气排行榜前20位”名单。榜上有名的二十位艺人都是我们十分耳熟能详的笑星。您认为这是哪年的统计数据呢？2010年，还是2005年？既然是追溯过去，那么不妨再大胆一点。难道是十年前的2002年？说了大家可不要被吓到——这个排行榜的发布时间是十五年前，也就是1997年。它被刊登在当时十分畅销的电视杂志《TV GUAID》5月刊上。

这是不是有些奇怪？娱乐圈明明就是个起伏无常、瞬息万变的地方。这二十位笑星少说从十五年前开始就红得发紫了，现在居然还活跃得很。即便说这份资料是现在的，是2012年7月的排行榜也不会有人质疑。这其中，除了某三五位出于私人原因已经退出娱乐圈之外，其他人都可以说是娱乐圈的常青树了。这个排行榜也告诉我们，笑星这个行业与歌手和演员是不同的，很少有大器晚成型的艺人。

娱乐圈中常有某歌手、某演员被称为“老新人”，或是爆出类似“寂寂无闻二十年，一举成名天下知”的新闻。相比之下，笑星只要有能力、够运气，大多都是能出道的。而且一般出道一两年之后就能看出某个人的前途如何。申东烨是这样，金国振是这样，姜虎东是这样，李辉才也是这样。甚至连现在屈居次位的朴明秀也是，在出道第二年就成了家喻户晓的笑星。因此，虽然这张榜单已经过了足足十五年，但是榜上的红人至今依然还很活跃。这些笑星仍然十分受欢迎，并牢牢占据着现今的人气排行榜。您也许会说，只除了那个人！

那个人，实在让人充满了探究的欲望。他究竟是如何挣脱默默无闻的境遇的？他是怎么踏上笑星这条路的？曾经又是怎样的彷徨无措？他破茧成蝶，一跃成为国民主持人的秘诀是什么？让我们慢慢一一探讨。

他虽然是笑星，却有着敏感的性格。

即便如此，那时，他还是想着，既然有赚钱的机会，当然得去试一试。终于，机会来了。他被一家地方企业邀请去做舞会主持人。可是企业老板一见他就叹了口气，仿佛已经预感到了失败，语气低沉地说：“就这样还想上台？还想去首尔？”

他自尊心很受伤，但当时他没有选择的余地。好在那个老板还没有对他完全失望，还是让他上台了。他想起了几天前从同事那里听说的夜场女王李英子前辈的故事。当时，李英子正在渲染气氛，活力四射地喊道：“各位，让我们一起动起来吧！”这时，音乐突然卡了。在场所有人诧异地停了下来，茫然地望向李英子。李英子却并没有跟着卡住，而是大发雷霆地喊道：“这样就被吓到了？那都走吧！都走！”然后装作不可一世的样子，又哐哐哐地放起了音乐。于是所有人的身体都跟着疯狂摇摆起来。

他登上舞台，微微一笑。心想，只要完美地照搬李英子就好了。音乐响起，客人们开始尽情跳舞。他却上前“嘟”地关掉了音乐。老板惊呆了，客人们也都一脸莫名其妙的表情。

只见舞台上一个男人绷着脸，对客人们大发雷霆，反反复复地喊着：“走！都走！”气氛变得很诡异，前排一位看起来上了些年纪的客人指着他的鼻子骂道：“你是个什么东西？”最后，他只好一边磕头一边道歉：“对不起！对不起！”几个月后，这个男人去参加一场综艺晚会。镜头灯光亮起，拍摄开始了。可是这个男人站在台上连话都说不完整，哆哆嗦嗦地止不住颤抖。经纪人猛地冲上了舞台，狠狠扇了他一巴掌。

“呀！你这个xxx！我费了多大劲才把你弄到这儿，你xxx居然在这儿哆嗦！”

如果你是电视台的娱乐节目制作人，如果你身边有人搞砸了晚会，在舞台上被经纪人甩巴掌，而且这个人还不是刚入行的新人，你会说些什么呢？会不会这样说呢？

“你到底什么时候才能不一站在镜头前就像要挨枪子儿似的？你做笑星也已经好几年了，怯场的毛病还这么严重，怎么能把观众逗笑啊？我看你还是抓紧另寻出路的好。”

然而，如果那个人不是别人，而是国民主持人刘在锡呢？

很多人都知道刘在锡经历了将近十年艰难的无名时期。其间发生了很多因为不出名而必然经历的故事。

他还曾经在肉店门口开过粉丝签名会。事实上，那时候根本没人认识他，开签名会这件事本身就很不靠谱。他也只不过是被熟人介绍过去的而已。他在市场胡同里的肉店门口铺了张胶合板，在上面摆了点饮料。他自己就安静地坐在简易桌子后面。

过了10分钟，没有一个人来找他签名。老板看他的眼神也变得焦躁起来。这时，有个路过的人盯着刘在锡看。在锡一下子握紧了拳头，他下意识地认为，绝对不能错过这个人。那个人看了看在锡，面无表情地问："这是干什么呢？"顿时，在锡感到脸上火辣辣的。整整一个小时，只有两个人来要了签名。最后，在锡收到的活动答谢也只不过是用黑色塑料袋装着的两斤签名猪肉。

有一年冬天，有一场很多知名歌手参加的晚会，节目主持人突然发烧上不了台，刘在锡被临时请过去救场。主办方开出了巨额的主持费，足足80万韩币。演出结束后，主办方事先准备的现金不够了，于是就用现场收的门票钱付他的出场费。80万韩币，全都是硬币和一千面额的零钱。又不能不收，可是收了用什么装起来拿走呢？他环视了一圈，只找到了一个黑色塑料袋。于是他把钱都装进了塑料袋里，就这么拎着走了出去。

有名的艺人都已经跟着经纪人先走了，只有在锡拎着塑料袋凄凉地一个人往外走。往外走的路上，有二十来个学生看见了在锡，认出了他是刚刚主持节目的主持人，于是呼啦啦向他涌了过来。在锡被这突如其来的状况吓到了，他惶恐地加快了脚步，黑色塑料袋撞到了在锡的膝盖，破掉了。

刚巧一阵寒风吹来，钱被纷纷扬扬地吹到了天上。女学生们还在旁边看着呢，在锡苦恼了。捡吗？再怎么说自己也是个艺人。可是难道就这么走开？做不到！虽然只不过是些硬币和一千块的零钱，可加在一起就是大钱了。于是他强忍羞惭，开始一张一张捡钱。

这时，一个女学生跑了过来，和他一起捡起散落了一地的硬币和千元纸币。在锡满怀谢意地冲那个女生笑了笑，把塑料袋推了过去。可是，那个女学生居然拿着捡起来的钱跑掉了！就在在锡觉得十分荒谬的时候，其他学生也都蜂拥过来捡起钱就跑。就这样，那天他连一半的出场费都没捡回来。

在那段默默无闻的时期里，他还经历过很多类似这样的屈辱。很久之后，朴美善问他：

“你的蛰伏期很长，那时候你想过自己能做到今天这个高度吗？”

“当然没有，那会儿还想过放弃。”

在锡的回答很实在。朴美善继续追问：

“那么为什么没放弃呢？”

在锡笑了笑，回答说：

“上学那会儿，我真的是那种随时随地都能搞笑的学生。经常有人说我很有趣，于是我渐渐变得很傲慢。那时候，我认为，只要我上了电视，不出一年就能火。”

在锡有两个妹妹，她们经常捉弄在锡。有一天，发生了一件事，把在锡弄哭了。那天，在锡一进家门就发现妹妹们把自己的“宝物1号”——警车，给严严实实地藏起来了。

在锡决心要报仇。他把目标锁定在了妹妹最爱惜的娃娃——美美和拓拓中的拓拓身上。趁妹妹们不在的工夫，他把拓拓的头发剃成了小平头。妹妹回来了，看到变成了小平头的拓拓，又哭又闹不依不饶起来。在锡还恶作剧似的写了张字条放在拓拓旁边。

“拓拓要入伍啦！”

在锡上小学的时候，因为家里的原因转了三次学。所以没能交下几个好朋友。也许，他那容易害羞的性格就是在这种环境下养成的吧。不过，虽然没什么朋友，他却很用功地在练习如何给别人带来欢笑。一到娱乐时间，他就上前包揽主持的活儿。上课的时候，还会用出其不意的回答逗得整个教室里沸反盈天。例如，下面这样。

老师： 在锡呀，你是属什么的呀？

刘在锡： 数钱的。

现在的人们听到这样的笑话可能连眼皮都不会抬一抬。可是当时的孩子们却被逗得前仰后合，哄堂大笑。同学们的反应让在锡觉得，自己果然是个很会搞笑的人。

另一方面，小学生在锡又很胆小、敏感。在锡的父亲是位很严肃的人。在锡上小学六年级的时候，父亲说：

“在锡啊，现在你已经上六年级了，以后你就自己睡吧。”

在锡如遭五雷轰顶。

“我不要，父亲！我不要一个人睡。”

但是父亲却不理会在锡的反抗。当天晚上在锡就自己一个房间了，他怎么也睡不着。可是如果去妹妹房里睡，第二天早上一定会被父亲训斥的。左思右想，一直无法入睡的在锡打开了妹妹的房门。看着睡得正香的两个妹妹，在锡笑了。他悄悄地抱起一个妹妹，回到了自己的房间，把妹妹放在了自己的旁边。

虽然是这样调皮，可在锡的学习成绩还是很棒的。六年级的时候，他还做了班长。但是，那时在邮电部做公务员的父亲收入并不很丰厚，父亲本身又十分清廉，对受贿之类的不屑一顾。所以，在锡虽然是班长，却没有钱交“家长会”的会费。做了班长之后，在锡经常会在学校里见到母亲。在锡看到母亲把学校的花坛和大门口打扫得干干净净，就问道：

“妈妈，你为什么要来学校做扫除？”

“嗯……因为我们在锡做了班长，所以妈妈也想为学校做点什么呀。”

还只是个小学生的在锡理解不了妈妈为什么来学校做扫除。长大以后，他终于明白了，因为当时家里的经济情况不好，所以妈妈只好用帮学校做扫除来代替交赞助费（与中国的入学赞助费类似）。在锡为此大哭了一场。

2004年，刘在锡在杂志《良友》上发表了这个故事。2012年，这个故事又通过一个论坛传播开来，成了热门话题。

据刘在锡家所在社区的菜店店主说，刘在锡的母亲是非常和蔼可亲的人。我想，也许刘在锡的美好品性正是遗传自他母亲。虽然，在锡小时候，母亲经常用水管揍他。

刘在锡上小学的时候就确信自己很有搞笑天赋。而做笑星这个明确的梦想，则是在上了初中之后才具体成形的。

那会儿在锡在水踰中学上一年级。他喜欢看《幽默1号》，主持人英九和沈炯来给了他很深的触动。

也许是那时的感触滋味太独特，也许是那时的梦想更加诚挚。随着时间的推移，曾经把沈炯来当成偶像的初中生刘在锡，后来竟成了沈炯来的左膀右臂。他曾经乐颠颠地在沈炯来自导自演的电影《霸王龙的脚趾甲》中演了次脚趾甲，不对，是演了次原始人。

上中学的时候，在锡的学习成绩一落千丈。这是有原因的——他贪玩儿了。只顾着玩儿也是有原因的——有意思。可是，父母却不会跟他一样觉得有意思。于是父亲的训斥变得频繁起来。估计在每个人的回忆中，都有那么一两次因为成绩单羞于见人而试图篡改成绩的经历，在锡也不例外。他甚至还特地拜托了写字漂亮的朋友帮忙。结果事情败露挨了打，脸肿得像熊掌。

直到上了龙门高中，在锡还是没能尽情吐露自己的梦想。不知道是不是出于这个原因，2011年8月8日，KBS电视台播出的《裴基万、崔英雅、赵炯基：早上好》节目公开了在锡的高中生活档案。在高考志愿咨询栏中学生填写的那栏里，高一时候是延世大学经管系，高二时候是艺体，到高三时候又变成了政治外交；而家长填写的那栏里同样是政治外交。那时候，在锡和父母之间基本没什么深入交流。所以，"政治外交"什么的，估计都是蒙哄父母的假动作吧。在锡的父母做梦都没想到儿子想做的是笑星。

上高中的时候，一个偶然的机会使在锡明确了自己将来要做笑星的梦想。

当时KBS电视台有一个在各个高中巡回录制的节目，叫《VIVA青春》。节目主要以高中生关心的内容为主题进行讨论，并且会遴选一些有才艺的学生去录节目，被称为高中生版的《友情大舞台》。

刘在锡上高二的时候，节目摄制组为了做一个叫"我们学校的名人"的单元，来在锡他们学校组织了一次投票，请学生们投票选出"学校里谁最搞笑"。在锡当仁不让荣登榜首。

于是在锡马上开始准备搞笑桥段。主持人元钟培的介绍词一结束，在锡上场了。他的一身打扮是模仿当时红极一时的香港黑帮电影代表作《英雄本色》中的主角周润发，一出场就逗得全场观众捧腹大笑。他喋喋不休地说着四不像的中文，模仿着电影里主角壮烈赴死的场面，事实上却是为了想上大号在纠结。

节目播出后，观众对在锡的表现反应很好。甚至于，那年KBS召集该年度上过《VIVA青春》的学生们重新录制的1989年新年特辑里也有他的表演。可以想见当时他的表演是多么受欢迎。录特辑的时候，他就是在现在位于KBS主楼旁边的IBC新馆所在的位置集训了15天。

集训开始两天后，在锡的朋友“野鸡”下课后来探班，给他加油鼓劲。本来“野鸡”说只待一会儿就走的，结果却一直跟他一起住了15天宿舍，最后还跟他一起上了节目。也许“野鸡”真是太有亲和力——他很快就和编导们混熟了。之后，他便耍赖让编导们跟学校老师协商，终于拿到了请假15天的借调函。

十年后，在锡的朋友“野鸡”也已经相当出名。那年的新年特辑中，在锡准备的搞笑桥段是《英雄本色》续集。这次他模仿的是张国荣在公用电话亭里给怀孕的妻子打电话，然后死去的情景。在锡紧紧地握着话筒，看起来非常吃力的样子。天真烂漫的妻子挺着大肚子问在锡：

女学生：我们是生个像你的儿子呢，还是生个像我的女儿呢？

刘在锡：呀！你这个小傻瓜，像你的女儿那还是人吗？

观众们笑翻了天。最后才发现，这次演的还是人有三急——张国荣着急上厕所。

在这期新年特辑中露脸的高中生里，有几张我们熟悉的面孔——金智善、丁善姬，以及歌手金京浩。金京浩在1991年的大学生歌唱比赛中荣获季军，就此踏入歌坛。刚出道的五六年里金京浩声名不显，却在2012年一跃成了国民姐姐。日后，金智善和丁善姬因为同时出演KBS的节目重又碰头。丁善姬还给刘在锡起了个不太寻常的外号——蚱蜢。如今在娱乐界十分活跃、扇了笑星们一巴掌又一巴掌的娱乐作家崔大雄当时也在场。这不免使人产生某种遐想——是不是有才艺的人之间有什么感应，所以才会凑到一起？如果用个成语来形容，那就是“人以群分”吧。

我在忠南高中上学的时候也参加过KBS广播策划的高中生节目。节目名称已经不太记得了，只记得主持人好像是以新闻主播出名的申恩庆。那时，我和朋友们一起编了段子去上广播节目。也许是因为我的角色基本不占什么分量吧，所以现在我能想起来的都是朋友们的表现了。

1991年，在锡参加高考，可是没能考上东国大学经济学专业。但他并没有因此感到挫折，反而秘密作战，报考了首尔艺大（前首尔艺专）。他在没跟父亲商议的情况下就独立做了这个决定。以他那够格报考东国大学经济系的成绩，考上首尔艺大当然不会有问题。之后，他一面踌躇着应该怎么向父母坦白，一面又为了自己从童年时代开始就小心呵护培育的梦想即将实现而开心无比。

1984年，我也一样没能考上西江大学国文系。班主任说，以我的资格考试分数，可以试试报考高丽师范大学国文教育系。但不知道为什么，我一点都不想上师范大学。现在想来，国文系和国文教育系其实并没什么太大的区别。反倒是国文教育系的学生可以拿到教师资格证，更有优势。也不知高三时候的我是不是有点傻。

那时候，我只想学文学，将来做个小说家。于是我认为，必须得进国文系。真是很奇怪，那时候我为什么那么讨厌教师这个职业？即便从国文教育系毕业也不是一定就能做教师呀，也不知道我为什么会那样。

还有一件事是我很抗拒的，那就是复读。正值年少的我简直讨厌死了复读。于是我也和在锡一样，什么都没跟父母提起，秘密地开展了报考作战计划。我很清楚，三个姐姐都是一次就考上了大学。如果父母知道我高考落榜，一定会劝我复读的。于是我去了首尔艺大，提交了文艺创作系的入学申请。当我知道小说《广场》的作者崔仁勋教授当时就在首尔艺大执教时，现场就提交了申请。

刘在锡的父母和很多家长一样，为高考落榜的儿子做好了一系列的复读准备。从复读的学费到目标大学，都已经定好了。瞒是没法一直瞒下去了。最后，在锡还是向父母坦白自己已经报了首尔艺大。

家里顿时乱作一团，最失望的人是父亲。“在锡再也不是我搂怀里的孩子了。”这种想法使父亲感到万分失落。但是，父亲还是认可了在锡的决定，宽和地说：“现在，你也到了该为自己负责的年纪了。”

我上大学那会儿，我们家也曾经历一阵动荡。从知道我报了首尔艺大开始，我们家里就以姐姐们为中心开始了复读大战。然而我没动摇，我的心已经飞到了首尔艺大文艺创作系，我的整颗心都为自己即将正式开始学习文学这个想法而激动不已。不论家人怎么跟我说："与其上专科，还不如再辛苦一年考个四年制本科。"我都不为所动。

但是，与二姐请来的一个人谈过之后，我却改变了主意，决定复读。这个人是二姐朋友的弟弟，这位哥哥考上了首尔艺大电影系，却中途退学了。他详细地跟我讲了上首尔艺大对我来说有哪些不利之处，而复读又是个多么享受的过程，以及知名的明星补习教师都在哪个补习班、是哪位老师等详细的信息。

刘在锡成了首尔艺大电视表演系的学生，学号91号。开学典礼那天，他的朋友"野鸡"也来了，"野鸡"和刘在锡的同学们打了招呼，还跟着大家一起去喝了酒。第二天，"野鸡"又来了学校，第三天又来了。"野鸡"和同学们相处得比在锡还好。他经常来首尔艺大，弄得同学们都以为他是和自己一个专业的同学呢。在锡的精神抖擞的朋友"野鸡"将在下文中出场，敬请期待吧。

那年4月，"野鸡"还一直被误以为是首尔艺大电视表演系学生的时候，首尔艺大校园里的一则广告吸引住了在锡的眼球——"KBS第一届大学生笑星大赛"。无须再多想，这就是命运。对于在锡来说，这则广告是从小学开始就一直庇护着自己的、搞笑之神发出的神圣的召集令。

比赛一共五天，给大家的准备时间多说也就一个月而已。这一个月，也许就能改变自己的人生。想到这儿，在锡的心激动不已。他和高中那会儿参加《VIVA青春》的时候认识的朋友，同时也是现在首尔艺大的同届同学崔承京凑到一起集思广益。唱歌、口技、即兴表演等，能想到的点子都用上了。他们在日后做了配音演员的朋友全台烈家中吃住，整天整天地全身心投入到了练习中。

刚入学的新生就因为准备参加大学生笑星大赛而耽误了校园生活，这个消息传开了。于是某天，教授把在锡叫到了办公室。

教授说：“电视不是那么简单的。你最好还是先处理好身边的事务，然后踏踏实实地做准备。像现在这样仓促行事，实在很让人担心。”然而，教授的规劝也没能让在锡止住步伐。

促使刘在锡成长为笑星的契机，是1991年5月4日开始的“KBS第一届大学生笑星大赛”。既然说是第一届，以前当然从来没举办过。如果没有大学生笑星大赛，也许我们就看不到今天这个叫刘在锡的笑星了。

KBS为什么要举办大学生笑星大赛呢？在此之前，笑星又是如何发掘出来的呢？是通过高校笑星比赛，还是通过博士笑星比赛？想要了解这部分的内容，首先要知道1991年那会儿的韩国电视界是什么形势。

1991年，韩国电视界发生了重大变化——SBS电视局的成立打破了KBS和MBC两分天下的格局。当时，娱乐节目的主流形式是以短剧为基础的喜剧节目。而KBS却拥有更高级的“撒手锏”。

而且还是两个。一个是当时随着地址簿的改编而更名的，给人以复古感觉的节目《幽默1号》，这个节目霸占了每个周六的晚上。而周日晚上则被喜剧节目《SHOW！电视主播》公然占据。

《幽默1号》大约是从1983年春天开始播出的。从这一档节目开始，喜剧装点了整个20世纪80年代。20世纪的70后和80后们只要一听到这个节目名字，脑海中就会浮现出点点滴滴的回忆，然后不由自主地微笑。从《边境鼓声》《会长！我们会长！》《不许动！》《重返青春》《英九呀，英九呀》《枳子曰》，到“哧哧”声绕耳不绝的《明日冠军》……全都火得一塌糊涂。

《SHOW！电视主播》从1987年开始播到了1991年。与主要在摄影棚里录制的《幽默1号》不同，这是一档由DJ金光汉主持的开放式喜剧节目。

和现在的《笑星音乐会》有些类似，一样是群雄割据的春秋战国场面。从《城市天使》《黑鬼》《斯里兰夫妇》《尼禄25点》《虫声合唱》到《动物王国》，战火纷飞，把MBC的周末烧成了一片焦土。

这里需要注意的是，喜剧演员们出演的喜剧节目是由DJ负责的。用许景焕的话来说，就是“搞笑综艺节目的MC竟然不是搞笑艺人……”

插句题外话。搜索《笑星演唱会》的时候，和《敏感性》一样曾经是《幽默1号》节目的重要剧目《边境鼓声》之所以被禁播是有内情的。保安司令部官员说：“这会打击驻守在停战线附近的士兵的士气，必须禁播！”金济东常说：“要是政客能不干涉喜剧，我们就继续关注政治。”我想这句话放在这儿还是恰当的。

如果节目里设计边防士兵以傻里傻气的形象出场会打击我国军队官兵的士气，那么如果看了《敏感性》的官兵变得心太软，到日后开战的时候不就要出大事儿了吗?

沈炯来、金亨坤、崔阳洛、金美花、张斗锡、李俸源等人的人气如日中天。甚至于，当代顶尖的香港红星周润发都来参加了1991年春季《幽默1号》第400期特辑的录制。

然而，当时综艺界悄悄兴起了一股潮流，一些另类活动开始对抗以滑稽表演为主的所谓的正统喜剧，并涌现出了一批对当时业界的普遍想法——“喜剧节目是喜剧演员表演的短剧”心存怀疑的人。这些人的秘密活动场所就是曾经被KBS打压得喘不过气的MBC。

那时，MBC的周日晚间娱乐节目是《周日夜晚的大游行》。主持人是笑星金炳祚——这是第一位笑星出身的主持人。虽然直到1987年6月金炳祚被卷进政治文祸案之前，《周日夜晚的大游行》一直很受欢迎，却仍难逃过在KBS的《SHOW！电视主播》排挤下苦苦支撑的命运。

重组《周日夜晚的大游行》的重任落到了年轻帅气的编导宋昶儀（现TVN本部长）的身上。节目重组后，名称也换成了《周日夜》。节目组提出并开始省思一个深奥的主题——“20世纪90年代的喜剧究竟是什么？”

于是最终，观念被改变了。是不是只有故事能使人发笑？喜剧演员是不是只有表演故事才能制造诙谐的趣味？现在看来，这是个极其理所当然的问题。但是在当时，却是任何人都不敢想象的革命性的问题。

由此，《周日夜晚的大游行》表明了20世纪90年代的喜剧新方向——“谈话类喜剧节目”。以重量级主持人朱炳进为轴心，不擅喜剧故事表演但嘴皮子无比犀利的新人笑星李京奎，当时以《凤蝶》席卷韩国的歌手金兴国，在1978年举办的MBC大学生歌手大赛中以一曲《曲曲折折的路》出道后却就此沉寂了十二年的无名歌手卢士燕等人，自此走到了台前。内容上标榜“没有故事的喜剧节目”，表面上采用《一起学一学》《周日诊断》《亲切的邻居》以及韩国娱乐史上里程碑式的节目《隐藏摄影机》等节目做掩饰。1990年3月首次播出，渐渐地吸引了观众的视线。有一期节目，表现的是歌手柳列洗头发的时候，有人站在她身后莫名其妙地一直给她挤洗发水。这让她感到很惶恐。就是从这期开始，《隐藏摄像机》火了！从此一跃成了周日晚间时段的霸主。

就这样，MBC搬出了新型喜剧节目，SBS新鲜成立。面对这些突如其来的状况，KBS也坐不住了。他们决定不再拘泥于既有的短剧形式，要选拔一批擅长谈话，能通过全新的创意来制造欢笑的笑星。其结果就是“KBS第一届大学生笑星大赛”的诞生。

当时抓住了大学新鲜人刘在锡眼球的公告上说："本次大赛的目的是寻求喜剧节目的质的提高；奠定以大学生为中心的健全的喜剧文化形成基础；与大学的治学形象相关联，从而引导喜剧高端化。"大赛将选出12个队伍。设大奖1名、金奖1名、银奖2名，授予奖学金和国外旅行；铜奖3名，授予奖学金；激励奖5名，只授予奖杯。

也许是因为参赛者限定为大学生，报名者寥寥无几，全国范围内只有132人报名，其中男生102人，女生30人。经过了第一轮的现场表演、第二轮的镜头测试和即兴表演选拔，最终决出了10队共15人进入录制成节目的第三轮决赛。进了决赛，就意味着选手已经成为一名笑星了。接下来不过是争一争得什么奖罢了。

1991年5月4日，大学生笑星大赛揭开帷幕，崔承京和以搭档身份出现的刘在锡表演的是《搞笑专栏》——一种站着表演的喜剧节目。节目对当时引起大众广泛关注的"安宰亨和焦志敏的婚姻"和"苯酚事件"进行了讽刺。

承京：大家好，本次节目当中我们收集了一些热门新闻事件和好看的视频奉献给大家。那么先让我们来看看这段时间大家议论纷纷的CF的某个场景。（喝完牛奶声音就变调）

在锡：（模仿小朋友的声音）哇哦，是苯酚牛奶耶！

这次大赛的结果如下：

大奖：金勇万、杨元景

金奖：李英宰

银奖：南希锡/全孝实

铜奖：朴洙弘/朴丙得、任泰瑛/金国振、金炳万

激励奖：金洙容/尹基源、严廷弼/崔承京、刘在锡

获奖的这些人，现在仍然是响当当的笑星。但是，被点到获激励奖的在锡离开座位去领奖的时候，犯了一个终生难忘的错误——他一脸不高兴的表情，还用手抠了抠耳朵。他究竟为什么会这样做呢？

直到1991年那会儿，在锡都还一直自信满满地认为自己是世界上最会搞笑的人。所以，他无法理解自己竟然只拿到了可以说是笑星比赛末等奖的激励奖。因此，他才在去领奖的时候做出了那种傲慢无礼的举动。可是为什么偏偏是抠耳朵呢？原因很明显，因为没法抠鼻子，要是抠嘴的话，想想都忍不住“呕”。当然，日后的在锡对当时自己的行为深感羞愧和后悔。认为那时的自己实在太傲慢无礼，是个什么都不懂的菜鸟儿。不管怎么说，刘在锡正式成了一名笑星。如果当时他落选了，又会发生什么事呢？想想都觉得后怕。

当时，KBS只针对大学生进行选拔。1991年SBS成立，笑星纷纷转台。娱乐界又掀起了脱离既有的故事喜剧形式的局限，寻求新型喜剧的风潮。在这种形势下，1991年刚走进大学的刘在锡参加了大学生笑星大赛。参赛者不过区区100多人，进入决赛的参赛者基本上都有奖可拿。在这样的比赛里，在锡只拿到了一个末等奖，可以说是件相当意味深长的事。

没准儿是搞笑之神袖手一笑也被逗得前仰后合，觉得韩国的19岁以上年轻人挺善良，所以有意提携吧。担心如果给都不给一次机会的话，他永远都进不到搞笑共和国里去，所以轻轻开了个门缝让他先进来，剩下的就自己看着办吧。

从此，在锡在刚满19岁的年纪就成了KBS的喜剧演员。学校是没法再去了，可是也不能就这么退学呀，只好雇了替学。

在锡开始了每天上午十点去电视台上班，晚上十点下班的生活。为了准备自己参演的五分钟小情景剧，新晋笑星们整个星期都在开会练习。就这样，大概过了六个月的时候，在锡渐渐开始觉得失去希望了。

其实，如果一起进电视台的同届同事跟他处境相似的话，他也不至于那么难熬。真是谁都不帮忙，现在想想，那时跟他一起进电视台的都是确实很会搞笑的家伙：金国振、金勇万、朴守弘、金洙容、南希锡、杨元景。大学生笑星比赛的时候，还觉得这些人都比自己略逊一筹，可真到一个锅里吃饭了，才发现他们比自己会搞笑得多。最起码，他们站在镜头前的时候不会打战，知道怎么搞笑。

在锡也有过机会，但他的表现无法满足人们的期望，无法把人逗乐。没有摄像机的时候，或者私底下，在锡总能把在场所有人都逗笑；可奇怪的是，只要上了台，摄像机灯一亮，他就抖得像筛糠一样。如果现在的郑亨敦看到了那会儿刘在锡的表现，他会说什么呢？也许会说："除了不搞笑之外，其他都还不错。"

在锡失去了热情，丧失了目标。以前自信满满地认为只要做了笑星，不出一年就能让韩国颠个个儿。可事实却是，他在一年里把自己颠了个个儿。

有一天，在锡忽然很想见见朋友们，于是去了学校。不能喝酒的在锡在学校附近的酒吧里懒懒散散地喝了些酒，见到了在那儿打工的同系同学金泰均（Cultwo）。泰均比在锡还没事可做，可是却没有失去明朗的表情。从他宽厚的笑容和从容的谈吐中，在锡得到了暂时的安慰。

也许是从金泰均身上得到了深刻的启发，第二天开始，在锡就没再去电视台上班，反而跑到了酒吧打工，和泰均一起搬啤酒杯。当然，也搬鱿鱼和花生。身体虽然很累，但心里很舒坦。一有空就和泰均一起互相倾诉苦恼，聊聊未来的计划，驱散内心的沉闷和忧郁。

如果刘在锡的啤酒杯一直搬下去，那么韩国娱乐界的历史将会变成什么样呢？我们的神——搞笑之神决定派些人到在锡那里去。同届艺人金勇万、金洙容和朴洙弘找到酒吧来了，他们看到了正在搬啤酒杯的在锡就说：

“就这么不干了怎么行？和我们一起回电视台吧。即便是配角，但只要努力，还能一直等不到机会吗？”

耳根子软的在锡当即就回了电视台。说到这儿，有件让人纳闷的事儿，又成了一个人的金泰均搬啤酒杯要搬到什么时候？补上了在锡空出来的位子的工读生，难道是郑赞佑？

与重回电视台的在锡一起，五位新晋笑星依然在准备5分钟情景剧。这是一档模仿世界超级明星和国内歌手的节目，名字是《搞笑计划，亚洲庆典》。

包括金万勇在内的一行五人装扮成了风头正盛的新晋男团“新街边男孩”走上了舞台。其实，练舞的时候他们有些忐忑不安。因为当时的新街边男孩是在十几岁的观众中人气爆棚的一个，不，是五个人。如果稍不留意，表现得不够娴熟，也许就会产生不堪设想的后果，还不如不做。

新晋笑星金勇万、朴洙弘、南希锡、金洙容、刘在锡的表演开始了，模仿的是新街边男孩的金曲《Step by Step》，他们跳起了没日没夜准备了好几天的舞蹈。现在看当时的影像资料，在锡的即兴舞蹈挺引人发噱，当时的评价也是大获成功。

马上就轮到前辈笑星们的喜剧了，一直很安静的十几岁的观众们忽然为新晋笑星的表演欢呼起来，可以说气氛十分热烈。在化妆间候场的前辈们还以为发生了什么事，匆忙跑了出来。对于在锡来说，这也许是他第一次体验站在为笑星欢呼的观众面前是怎样的心情。

那天以后，在锡渐渐有了些自信。虽然还是配角，但也开始有了固定角色。他得到了《笑声一片》的喜剧《和爸爸跳舞》中可爱女儿的角色。他本身身材较为纤细，还特意装出了女孩儿的嗓音，表演女孩儿横冲直撞的样子。可是，在锡的演技无法使编导们满意。前辈们开始担心起来。

李倖源说："我以前和刘在锡一起演出过，也一起表演过情景剧，所以挺熟悉。那时候真的非常替他担心。最主要的是表演太僵硬，像木桩一样，非常不自然。刘在锡和宋恩伊一起演过情景剧。宋恩伊的表演比编导们要的还要好，所以编导们格外喜欢她。而刘在锡的表演得到的评价却是不及格。我还和编导一起认真地讨论过：'对于在锡来说，除了谐戏之外就没有别的合适的工作了吗？'"

金国振和金勇万一起用几句话就能把小孩子们逗得直不起腰的时候；朴洙弘和徐太志跟孩子们一起跳舞，被年少粉丝们的欢呼声包围的时候；那个叫申东烨的朋友在新建电视台SBS出演《您想好吗？》，刚出道就轰动全国的时候；一同开始电视表演的同届笑星，与他们同龄的刘在锡却在渐渐地没有节目可演。偶尔来个角色，也不过是"捕快甲"之类的龙套而已。虽然被挑去演过电影，演的却是《霸王龙的脚趾甲》中的脚趾甲，不是，是原始人。台词就是“哦……哦……哦……”。

某天来了个角色，是秘书。同届的金勇万演国会议员，在锡演秘书。编导甚至放话说，只要把这个角色演好了，下次就给他戏份更多的角色。然而，镜头恐惧症这个宿疾最终还是没有放过在锡。无数次的NG，那个编导从此再也不找在锡了，其他编导们也开始疏远在锡。

有个博主回忆说：“那时刘在锡在‘凤仙花学堂’里扮演级长、林河龙的不懂事的儿子，表演得非常用心。那会儿我虽然年纪很小，但也一直为他的样子而咂舌，‘真卖力，真卖力……’，自己在那儿抖得不行，但还卖力表演的样子。”

发现刘在锡“只要做了笑星，不出一年就能把韩国颠个个儿”的豪言壮语果然只是豪言壮语。从根本上讲，作为一个笑星，在锡没有什么特别突出的地方。说脸称不上金童，更不是李辉宰。说身材不是李成润。像金炳万一样用肢体语言搞笑，更是想都不用想。嘴皮子比不上金国振。最主要的是，只要一站到镜头前，他就无限变小。那么，他到底能做什么？

尤其是一起进台的同届笑星都很出色，相比之下，自己无限变小的样子显得更加落魄。在锡觉得很累。时间渐渐过去，2000年他上MBC节目《美丽的TV脸宠》时在“自拍相机”里说的话，披露了他在这个时期的心情。

“差不多用了九年的时间，刘在锡这个名字才为大家所熟悉。中间有很多次都想放弃。经济方面暂且不谈，主要是因为我自己，因为周围的环境。身边的人问‘艺人怎么不上电视啊’什么的，虽然只是开玩笑，但这一句句的话让我很受伤。同届的金勇万、金国振、南希锡和朴洙弘都成了有名的人气笑星。说实话，他们出现的时候我都不看电视，不想看。都是一起喝咖啡一起出道的人，我在家看电视干什么？如果是不认识的，还能自在地看看。可是他们是打个电话就能坐到一起喝咖啡的人，所以播他们的节目的时候我都不看电视。"

同届的笑星到底有多出色呢？在锡进台的第二年，《KBS第二届大学生笑星大赛》开赛，做主持的是李秀满（现SM娱乐公司会长）、金国振和金勇万。

1992年，KBS对外刊物《KBS频道》的4月号上分析了《笑声一片》，并介绍说"观众们总能从清新的笑容中得到净化，有一个重要原因——这些在大学生笑星大赛上获奖，并被果断起用的第三代笑星大举亮相，代表性的领军人物就是时事喜剧《TV手册》中的金振国和金勇万。"

响当当的同届朋友们如此出色，在锡的位置渐渐边缘化。搞笑之神并没有将在锡推到悬崖边上。1992年突然出现了跳槽风波。同届的金振国、金勇万、朴洙弘和金洙容宣布将跳槽到MBC，紧接着就发生了暴力事件。最终他们不得不逃避选择出国去美国留学。这样的事在现在看来根本就不可理解。

这件事的发生，使KBS新晋笑星的空间宽阔起来，来找在锡的角色也变得多了一点。

但是，只是机会多了又怎样，在锡根本就把握不住，简直就是笑星界里的失败者。一年过去了，两年过去了，三年过去了，在锡还是原来的样子。经常有很会搞笑的后辈们进台，在锡的位置开始频频被挤。在锡越来越烦恼。心里想着“明天做什么，明天做什么……”，嘴里哼着《不眠夜》的日子越来越多。

在日后的访谈中，有人问道：“形象怎么能这么好？是不是刻意打造出来的？有人说你很假？”这段时期让在锡能够这样回答：“连我身边的人也这么说我。你这样的人生到底是电视人生，还是你自己的人生啊，哈哈。到明年的话，我做电视就有十七年了，对。这么长的时间里发生过许多事，多到采访时间太短，没法全说完。很多很多的挫折、痛苦，很多次背着人捶胸痛哭。我从中体会到了很多东西，根本无法一一表述。我是信佛教的，在没出名的那段时间，我每天晚上都向佛祖祈求：‘佛祖啊，真的，只求赐我一个机会就好。我会用一生的时间报答那些关心我的人。’经历过这样的时期，怎么能忘呢？我真的对一切都很感激。”

刘在锡每天都过得如此艰辛，每天都在如此祈求。他痴迷于谐戏，1991年刚进大学就在5月参赛做了笑星。1994年末，他又下了决心，去参军。

他想，去军队好好摔打一番，是不是就能忘掉这一切了呢？可是不知怎么搞的，居然抽中了常勤预备役。雪上加霜的是，同届里有个马上就要做明星的家伙。比明星更吓人的，是自以为是明星的家伙。然而，还有比这更可怕的——做了明星的家伙。那时候，眼前能看到的都是明星，所以除了力争上游之外，真是什么都不放在心上。要问这家伙是谁？是李政宰。李政宰在电视剧《沙漏》中一直做警卫。现在，轮到在锡给他做警卫了。

同为艺人，两人很快就熟悉起来。因为家都在狎鸥亭洞，两个人决定一起上下班。因为以警卫的身份乘车上下班并不是件容易的事，所以在锡还是决定和李政宰一人一天，轮流开自己的车在狎鸥亭洞和光明市之间通勤。

那时的某天，在锡发现有人在他车上乱画，写着："政宰哥哥，我爱你！"原来是误把在锡当成李政宰的经纪人了。没想到，以前想都没想过的无名情结居然在进了军队之后感受到了。凭借电视剧《沙漏》一跃成为当红明星的李政宰常常忙于应付索取签名的粉丝。

但是，对于在锡来说，这段时期是必不可少的重要时期。看着一起服役的李政宰，他就学到了什么叫自信感。李政宰告诉他，想做明星就应该有自信。

这段时期也是自我反省的时期。他一面担心，等重新回到电视台，会有人喊我去表演吗，一面每天深刻地反省自己。

他给自己立了军令状，一定不要做低价货。“看了我的表演，所有人都会被逗笑的。”他一边自我催眠，一面等待着复出的日子，认真地准备着最后的战斗防御。虽然不是现役军队，但这地方也是隶属国防部的。时间渐渐过去，终于到了1996年6月，在锡退伍了。

其实，从退伍之前的一个月开始，在锡就在担心了。究竟会不会有人来找自己，他为此不安。但是，服兵役之前的在锡和即将退伍的在锡是不同的。不同之处在于，现在的在锡有了自信和不论接到什么角色都要努力去演的思想准备。

艺人这个职业首先是个等待的职业，先出手联系就太掉价了。无法，在锡也只能一直等着，没有联系。退伍的时间一天天临近，在锡越来越不安。

“原来，果然完全没人来找我。”

此时，一位编导联系了在锡。是姜荣元次长，找他到《喜剧世界》演配角。这当然不是次华丽的回归，他也从没想过要和已经在电视台占据一席之地的金勇万、金国振和朴洙弘等人比较。只要能重新演出，在锡就真心觉得快乐了。

在锡怀着诚心努力工作，慢慢地开始散发光芒。

从配角开始，在锡扮演的角色一点点大了起来。

星期五晚上播出的《喜剧世界》中的情景剧，就是在锡表现的舞台。

他使出了浑身力气表演。在《归农日记》中扮演生意失败，只得在乡下岳父家寄人篱下的令人生厌的女婿。在《老公是蚱蜢》里扮演身为无业游民的丈夫。尤其是无业游民丈夫这个角色，让出道已经七年的刘在锡终于有人认识了。在刘在锡身上切实地贴上笑星标签的人，是编导金振宏。是他让虽已出道七年，但演技一直没有得到认可的笑星刘在锡在情景剧《丈夫是蚱蜢》中担任主角。

抱着“如果这次演技得不到认可，就再也不会有我的立足之地，无条件必须搞笑”的觉悟，在锡非常努力地表演。当然，也是托了角色的福。由于IF（股指期货）的原因，当时很多韩国人都过得很艰难。无业游民丈夫这个话题很容易地引起了人们的共鸣。

另外，女笑星金淑那有滋有味儿的方言衬托了在锡的表演，使在锡更加夺目。现在看来，在锡生涩的演技之所以尚且能被接受，全凭了一旁做捧哏的金淑。

也许就是在这个时候，在锡稍稍认识到，人生中没有什么事是一个人就能做好的。也正是这个时期，尤其是在认识到了自己并没有什么天赋才能之后，在锡明白了，如果没有切实的准备和努力，在电视这个领域自己寸步难行。

虽然现在的刘在锡是大家都认可的国民主持，但从根本上讲，刘在锡其实是喜剧演员，是笑星。在锡从前受沈炯来表演的影响而萌生了做笑星的梦想，之后又在很多的节目中表演过情景剧。所以，他本人非常钟爱被称为正统喜剧的情景剧。

后面将会提到，谈起刘在锡对情景剧的热爱时，大多数喜欢娱乐的人都会说一说2003年SBS的节目《喜剧之城》。然而，一直到2000年，认知度凭借蚱蜢形象大大提高那会儿，刘在锡还在努力地磨炼情景剧演技。

尤为特殊的是，他还在KBS的《喜剧世界》中与演员李世昌和朴潭熙一起表演了情景剧《不懂事的哥哥》。当时我在写同一档节目中的另一个情景剧《妯娌们的晚餐》剧本。

那时我一直在做MBC的娱乐节目，由于是第一次接触KBS的节目，所以人际关系并不广阔。再加上，一直没有机会和所有的情景剧作家、演员们一起畅谈一番，所以那时候更没有认识刘在锡、和与他说话的机会。最主要的是，身为MBC的喜剧作家，我手头关于KBS笑星的信息并不太多，这个叫刘在锡的笑星没能网罗到我的信息库里。

当时的节目是用VHS胶片录制的，到现在还有存档。现在看来，刘在锡在《不懂事的哥哥》中表现出来的演技有点不怎么样。能看出来演员演得无比用功，但还是替他觉得难堪，很难继续看下去。尤其当时刘在锡的角色和形象，大体上都是令人讨厌的男人、小心眼的男人、厚脸皮的男人等。当然，我本来也没什么发现明星的眼力。所以当时即便和刘在锡打过招呼，也不会多放在心上。那会儿有个叫《爱的三行诗》的节目，从这个节目能看出，刘在锡的主持功力正在一点一点得到提高。

刘在锡真正感觉到“原来我也有了点名气了啊”，是在1999年9月。1991年5月出道，从年头上说，已经出道九年，奔着十年去了。走在街上，会有路过的人看着他说：

“哦？是蚱蜢！”

那是一种让人很兴奋的感觉。

大部分的艺人都不喜欢自己被固定在某一种形象上。因为只要一次被定型，以后就会一直是那个形象。一次是英九，永远是英九。张东健过于出色的外形使人们看不到他的演技，经常被人臧否演技不好。直到他在金基德导演的《海岸线》里冲进泥坑滚了一圈，人们才开始关注他的演技。

其实，1993年我以喜剧作家的身份进到MBC娱乐局的时候，也曾因为外貌的原因听到过一些非议。可以说，喜剧作家林基洪、姜济相等前辈长得就像个喜剧作家。很多编导和笑星看到我的时候都说：“真是喜剧作家啊？不是想当演员或者配音演员什么的”“哎呀，长得不搞笑啊”什么的，给我定了型，导致我的创作能力在某方面得不到恰当的评价。即便如此，长相又不能更改，只好淡然等待某一天历史能做出评判。

不过，那时我的表情多少有点严肃。1991年冬天，我在MBC奥斯卡编导培训班第一期学习。培训时间一共六个月，不到第四个月的时候我就已经以第一名的成绩成功就业了。我去了MBC的《编导手册》节目组。

那时，编导培训班一共有三十名学生。现在的编导培训班详细分出了“电视剧编剧”“科普编剧”“娱乐编剧”“纪录片编剧”等小班。但那会儿却好像是打算用我们做实验对象，第一期培训班将电视剧编剧和非电视剧编剧三十人合到了一起。男作家只有三个人，未婚的只有我一个。不论是什么学校，时间一长都会出现小团体。当时诱惑很多，好多单位想聘用我。

第一期的同学中涌现出很多明星电视剧作家。比如《冬季恋歌》和《爱情雨》的编剧吴秀莲，《苹果花飘香》和《嫁给我吧》的编剧郑有京，都是使人感到骄傲的一期培训班同学。在非电视剧编剧中有广播编剧《现在是广播时代》的柳美娜，和演员金贤珠一起长期合作晨间节目的南蕙汀，做了很多音乐节目并为歌手李承焕作词的李知垠等。很遗憾，娱乐作家只有我一个。

有点离题了。在《编导手册》节目组工作的一年里，情况越来越严重。同时我也深刻地认识到，原来世界是这么好玩。于是我调整方向，要做一个能把别人逗笑的编剧，虽然那时我还不知道这份工作是那么难。

在我呼喊他的名字之前，
他尚且称不上一个合格的笑星。
当我呼唤他的名字之时，
他来到我这里，成了一个真正的笑星。
他的名字——蚱蜢。

最开始给刘在锡取蚱蜢这个绰号的人是丁善姬。她曾无意之中对当时在KBS节目《自由宣言，今天星期六》担任编导的金锡允说："哎哟喂，他长得不像蚱蜢吗？"于是刘在锡就成了蚱蜢。

那时，在锡非常讨厌蚱蜢这个名字。甚至曾经耍赖似的反驳过编导："我的形象是不是太固定了？"可是，想得到情景剧《承上60年》的外景主持工作，就得戴上蚱蜢头套。

刚一出道就人气爆棚的FIN.K.L团员李孝利曾谈起过这段时期的刘在锡："那时候第一次见到刘在锡，看到他戴着蚱蜢头套的样子，真的觉得很可惜。"

从这点上看，刘在锡有件事儿使人很疑惑。类似蚱蜢头套这类的节目道具通常是在拍摄现场，由剧务负责经管的。可是，在锡却把蚱蜢头套放进包里随身携带。头套刚刚能装进包里，触角还塞不进去，总是支棱着伸到包外面。乘地铁的时候，看着自己的包，在锡不禁哽咽：究竟为什么自己戴着蚱蜢头套呢?

蚱蜢是现在的刘在锡得以存在的跳板，但也曾多次令他觉得丢脸。有一天，开车出门的在锡突然被走在街上的一个女孩儿吸引住了。在锡马上下车跟在了女孩儿的后面，当他终于鼓起勇气向那女孩儿靠过去的时候，却忽然听到旁边有人喊："妈妈，是蚱蜢……"在锡羞愧得要命，当场逃走了。

他的朋友金泰均说刘在锡的蚱蜢舞从大学时代就有了，那时在锡一边唱着《新娘18岁》，一边一蹦一蹦地跳舞。刘在锡到底是从什么时候开始跳蚱蜢舞，为什么还不得不戴上蚱蜢头套，这些都不重要。

"戴蚱蜢头套的那会儿，情况已经有些好转了。在那之前，真的很难。经常想是不是应该就这么算了？电视台那边已经认为我要辞职了，很惨……"

正如刘在锡的自白一样，结束了长期的默默无闻和彷徨踟蹰，刚刚能挺直点腰板的时候，命中注定一般成了蚱蜢，开始了一蹦一跳的飞跃。

"在锡的镜头恐惧症很严重，只要摄影机一开，他就连很短的台词都背不出来了。"就像金勇万的话一样，刘在锡的能力极限并没有显露出来。然而，戴上了蚱蜢头套的刘在锡慢慢在改变。既滑头又总是受挫，又不知为何总能够动人恻隐之心的角色，这就是刘在锡的蚱蜢。虽然刘在锡没创造出什么使人记忆深刻的流行语，但刘在锡的蚱蜢跳仍然是后辈们争相模仿的经典。就这样，在锡积累着肢体语言搞笑的基本功，构建着自己的独家角色。

无论什么事，亲身做过了才能有自信说话。盛夏，《无限挑战》录制现场，在锡看见有几位顶着大大的玩偶头套的群众演员，他没法置之不理。

“那几位热得要晕过去了，录一会儿就让他们把头套摘下来歇一会儿吧。您戴过那个吗？一直戴着人会晕过去的。快点儿让他们摘下来。”

戴着蚱蜢头套跑遍全国，零零散散地演些情景剧，默默等候着属于自己的契机……刘在锡一直在等待。那他最擅长的，究竟是什么呢？听总和我一起耍贫嘴的笑星表英浩说：

"在锡说起话来根本不停嘴，没完没了地说。一见面就贫，一见面就说，一见面就喋喋不休。和他在一起，我能做的就一件事，就是听在锡说。"

关于刘在锡、金勇万、表英浩和池锡辰组成的"嘴皮子"俱乐部（贫嘴贫到天亮的可怕组织），根据表英浩的证词来看，这个组织没有实体。

只是有一次，刘在锡在节目《来玩吧》中想说点好玩儿的事儿，就临时弄出了这么个组织。他们几个没人认为"我们是嘴皮子的团员"。

不管怎么说，在锡最擅长的，是贫嘴，是说话。他称自己是"说话发烧友"。也不知道是不是因为体质不适合喝酒，所以才更能贫。

“十几年前，每天说同样的话我也不觉得腻。1993年年末，那时候我们都还不出名，平安夜那天，几个人一起去了一家咖啡厅。我一直在那儿咋呼，店主就过来提醒。凌晨四点的时候终于被赶出来了。就那样还恋恋恋不舍地坐在车里，一边抽烟一边聊天，到底聊到了早上六点半。”

送那位咖啡厅店主一个点子，如果看到了这段文字，还清楚地记得当时的刘在锡的话，可以写个“刘在锡（席）”的标签放在当时刘在锡坐过的位子上。不用给我报酬，只要每张桌子都放上本书就行了。谈恋爱的人抢着看吵起架来就不好了。所以每张桌子得放两册。

在锡说：“和别人相比，语言里还是少了点才气。勉强算是能做能玩儿能说吧。”终于，在锡收到了来自搞笑之神的大礼包。KBS的节目《徐世源SHOW》的《TALK-BOX》就像命中注定一般降临到在锡身上。

当时的《徐世源SHOW》是全国瞩目的人气节目，甚至有人说，在《徐世源SHOW》里演只小蚂蚁都能成明星。

在锡当然接下了邀请，但心中不免忐忑。如果在这档节目上演砸的话，那就连现在好不容易得到的位置也要不保了。如果丢脸了怎么办？在锡在种种胡思乱想中难以入睡。

然而，不枉以往漫长的等待。第一次播出就来了个漂亮的本垒打，让您久等的人物终于出现了。在锡那个演技精湛、骗过了首尔艺大所有同届同学的朋友“野鸡”和在锡一起遭遇的一个既伤心又不幸，却又无比搞笑的故事，就是所谓的《跪下》。那个时候，大家认为这个故事和《TALK-BOX》是一套的。让我们一起来看看吧！

上高中的时候，我去避暑。

和我一起去的不是女朋友，是“野鸡”。

我和朋友两个人带着帐篷去海边玩儿。

商量之后决定“野鸡”去买方便面，我留下来烧水。

“野鸡”说去买方便面，可是过了好半天他也没回来，都过了一个小时了。

这是怎么回事儿啊，水都烧干了。

于是我去小卖部那边找他，刚一到那，不知道怎么回事儿有两个女生跟着我就过来了，我有点儿无奈。

为什么跟着我呢？

接下来那个长得很可爱的女生向我走过来：

“你好，不好意思，请问你能不能和我们一起去我们的帐篷那边啊？”

可是我也不能直接就做出“啊，好啊”的表情来不是。

于是我就问：“为什么？”

“不是，我们几个朋友在那边，就是想找几个男生过来一起玩儿。"

于是就在那一瞬间，忽然不见的"野鸡"从我记忆里消失了。

中间燃着篝火，篝火旁边围着一排看起来差不多大年纪的少女。

五六个人吧。

哎呀，这真是，男生就我一个人……这可怎么办呢……

就走过去了。可是气氛看起来有点不同寻常啊。

两个女生在那儿抽着烟，气氛有点奇怪。

不过那样的女生也不是没有，我这么想着就走近了。

也没人说要怎么做，于是只好晕晕乎乎地站在那里。

可是，一直低着头的一个女生突然一眼扫向我，说：

"跪下！"

吓了我一大跳，不得不立马跪下。

接着她们就要钱。

于是我就说："我没有钱。"

"要是被我们翻出来的话，10块钱抽一棍子！"

"啊，真没有。"我说，我撒么四周，看到那边一直往篝火里添柴火的女生，这个女生看起来比较天真。

于是我想，如果我给她一个可怜兮兮的眼神儿，没准儿她能帮帮我呢？

于是我就一直看她，她一下子就和我的眼神儿对上了。

那个头目样子的女生一直威胁我说："要是被我们翻出来的话，10块钱抽一棍子！"我一直说"我没有钱"。突然，那个一直往篝火里添柴火的女生拎着根棍子呼一下子站了起来。我想，啊，成了！

她直接朝我走过来。

"趴下！"

我直接趴下了。她打了我三棍。

挨完打我爬了起来，眼泪扑哧扑哧往下流，又疼又伤心。

不过，那边怎么过来个男生？看个头儿的话好像就是"野鸡"。

于是我想，这下好了。没想到"野鸡"却走过去对那个头目说：

"喂，方便面煮好了。"

这个故事把徐世源逗得笑翻了，直接晋级第一名。本垒打，超大型本垒打。《TALK-BOX》在电视上播出以后，演出邀请排成了队。在锡出现在这个那个的节目中，认知度大大提升。不过，让在锡的形象更加稳固的，是那年9月他参加演出的《SUPER TV，星期天愉快》中的人气栏目《出发，梦之队！》——新西兰篇。他穿着和一行人不一样的制服，扮演被戏耍的对象。玩撑竿跳的时候垂直向上跳，接着脸又垂直向下撞在了垫子上。奉献了一场最棒的动作搞笑表演。

当然，现在看来，那时候在锡的镜头恐惧症还是一如既往。说话时在锡抖得厉害，眼睛也基本不与镜头接触。左手抖就用右手按住，右手抖就换左手按住，让我看了觉得十分可惜。再回到《TALK-BOX》现场。

很久之前，在锡刚做笑星没多久的时候发生了一件事：

当时我正扮演“捕快乙”，那会儿《十佳金曲》还很受欢迎，和我们在一栋楼里录影。《十佳金曲》快要录完的时候，一个女生突然喊：“哦，那人是笑星吧？”听了这句话孩子们呼啦啦都向我跑了过来，说：“给我签个名吧！”

我一边心里美滋滋的，一边觉得有点惶恐，就问：“你们知道我是谁吗就让我签名？”都说认识我，让我快点签名。于是我就开始签名，之前练签名练了很长时间。我正签着呢，后面的一个女生突然喊道：“哦？申成宇在那边！”孩子们跟潮水似的全都往申成宇那边跑过去了。当时我正在给她签名的女生生气地说：“哎呀真是的，你快点啊！”当时我气得不行，说：“哎！不是你让我给你签名的吗！”

可是，那孩子突然哭了起来。我更气得不行了，就说：“不是，你哭什么呀？”女生带着哭腔说：“我喜欢申成宇哥哥！”我说：“哎！我说不让你喜欢申成宇了吗？明明是你先来找我要签名的！”

我声音大了点，周围的人三三两两都围了过来，连正门的警察都过来了。那位警察过来问：“发生什么事了？”那个女生说：“我没问这个叔叔要签名，可是他非要给我签名。”当时我得多惶恐啊，“哎！我什么时候说要给你签名了？”她就说：“我说要去找申成宇，叔叔你不让我过去！”我突然火得大喊起来：“我什么时候不让你过去了！”这时候警察的无线对讲机响了，“正门，正门，出什么事了？”警察对着对讲机说：“正门闹着玩儿，正门闹着玩儿……”

那一瞬间有点搞笑。我扑哧一下就笑了，准备走开。警察叔叔却说了一句话：“请问你是谁啊就要给人家签名？”

卓在勋、朴京林、申正焕、朱荣勋、尹贤淑、金智勋（Duke）……

他们都是从《TALK-BOX》走进明星行列的笑星。1999年，就这样，《TALK-BOX》让刘在锡的明星梦得以实现。

《TALK-BOX》给了在锡很多东西，最重要的是给了他一个正式跨入娱乐综艺世界的契机。

他在与《TALK-BOX》同属一个制作局的节目《自由宣言，今天星期六！》中扮演了许多出彩的角色，其中最受欢迎的是《致不眠的你》。这是一档走进大学图书馆，为最晚从图书馆里出来的学生颁奖的节目。在锡和金宗锡一起猜谜，引得人哈哈大笑。

刘在锡第一次见到金宗锡是在1998年10月左右。当时的金宗锡是笑星南希锡的经纪人。对于操着一口饶有风趣的方言问“哥，吃饭了吗”的金宗锡，在锡并不觉得讨厌。

转年，在锡正和歌手任昌丁一起做《致不眠的你》。可是随着任昌丁把主要注意力放在了自己的新专辑宣传上，节目组只得给在锡重新物色一个搭档。走进节目组视线的这个人就是金宗锡。

在推荐金宗锡的问题上，在锡也出了一把力。站在观众的角度上看，金宗锡出任这个节目的MC也是件很新鲜的事。最主要的是，实际上金宗锡本人就在准备考大学。他的处境正好贴合这档节目“寻找在大学图书馆里用功学习的学生”的主题。

在锡和宗锡在节目中的《废寝的谜语大比拼》环节中就编导事先准备好谜题展开血光四溅的近身战，最好玩的就是看在锡败给不懂装懂的宗锡。

这个环节的意义是多重的。谜语大比拼的特点就是比比看谁最无知。所以看起来更聪明一点的在锡败北，反而让节目更加吸引人。小心谨慎的刘在锡被无知的金宗锡打败，是这个节目的卖点。

当然，为了节目的趣味性，制作组准备了一些基本装备。据编剧文恩爱说，金宗锡无知到连“日程表”是什么意思都不知道，却很了解韩国历史。要是刘在锡赢了，编剧们就会集中放一些韩国历史问题上去。每到这时，刘在锡就会长叹一口气。这样，刘在锡的角色才生动起来。

再一个，在观众们看来，《两天一夜》里，编导罗暎锡与包括姜虎东在内的演出者毫无芥蒂地聊天的样子无比自然。以前无须考虑必定得剪掉的镜头，在这个节目里经常不加丝毫修饰原样播出。录节目的时候，编导直接出声提示游戏规则。在《废寝的谜语大比拼》中，已故编导承担了这个角色。偶尔还会捉弄一下在锡，发挥一下自己的娱乐精神。

期盼已久的2000年充满光明。现在，做娱乐节目的人该苦恼21世纪的娱乐怎么做了。尤其是综艺界，各种类型的节目五彩纷呈，把综艺界变成了春秋战国。

从1999年跨越到2000年那会儿，我正在SBS做一档名为《快乐星期六》的综艺节目。

我认为这档节目也许可以被称为这个时期娱乐综艺界的典型代表。

节目里，朴洙弘、尹廷秀、金镇、宋慧乔并肩站成一排。先给大家看事先录制编辑过的节目VCR，并穿插着进行一些简单的谈话。这样，主持人的作用就停留在了为各个环节串场的辅助性角色上。

当时做的节目主要有金镇和宋慧乔主演的电视剧式的《情书》、尹廷秀等主持人与歌手组合COOL的各种游戏大比拼《MC大碰撞》等。

刘在锡用《TALK-BOX》开启了1999年，又通过《自由宣言，今天星期六！》栏目的《致不眠的你》渐渐适应了娱乐综艺。进入2000年，他成了《呀！深夜里》的主持团成员之一，此后又在《韩国看得见》栏目下的《跨国摄像机》《奔跑吧，白头！》《寻找至尊》《绝不留情》等节目里担当主持人，主持功力日渐提高。

就这样，多档周末娱乐综艺节目并没有击出重量级的一拳，而是以平稳的姿态渐渐展开。2000年冬季，3家电视台不约而同地做了改编，星期六的娱乐节目同时换成了生存类节目。

最先行动的是KBS。10月中旬，《自由宣言，今天星期六！》栏目新增添了《生存游戏，留到最后吧！》。紧接着SBS《好兆头，快乐TV》栏目新加了《生存寻宝》。MBC尽管稍迟一步，但也看破了时代是向着生存类节目发展的，作为后起之人，急需发起强劲冲击。

殷暻杓编导是MBC娱乐局的明星编导。彼时，他已经在2000年2月用《目标完成，星期六！》栏目下的《GOD的育儿室》节目将新晋组合GOD捧成了国民组合，又在杰出的《不做末等生》节目中坐镇指挥。现在，他又期待更进一步的成功了。

《明星生存，同居同乐》虽然也标榜生存的字眼，却与现有的其他电视台的生存节目大大不同。它将璀璨熠熠的众多明星聚集到一处，一起做游戏，一起猜谜题，真正做到共度一夜。这种方式在当时还是首次尝试。刘承俊、朴智允、李范洙、姜贤秀、梁美拉、朴京林等，有将近15位明星要聚在摄影棚里一起游戏。

MC成了大问题。谁能在节目里把这些明星大腕儿放在同一个地方任意摆布呢？殷编导为了物色一个合适的人选动用了各种渠道。

原则只有一个：能和明星们一起愉快玩耍、灵活主持的人，能不让任何一个嘉宾产生任何不满的人。因为节目录制时间很长，所以这个人还需要体力充沛。

《明星生存，同居同乐》这个节目并不是随便什么人都能做的。任是殷暻杓编导的人脉网再如何豪华、殷编导本人再怎么深具领袖魅力，要将出名的艺人们在深夜里聚到一起通宵录影也绝不是件简单的事情。身为编导所能做到的，最多也就是将人叫到一起而已。

从摄像机一开转，余下的事情就是艺人们该做的了。所以，这个节目绝对不能用一个普通的主持人。

他是一个从KBS而非MBC选出来的笑星，主持能力暂且不论，只从知名度来看，他也不是一说名字就众所周知的知名笑星，不过刚刚开始出了点名而已。就是这样一个笑星，他成了《明星生存，同居同乐》的MC。这个位子甚至不是当时大部分综艺节目采用的主持团中的一员。坐上这个位子就得能独自掌控全局。虽然每个人都想要，但再往容易了讲，这也是个所占比重很大的位子。就是这个位子，刘在锡坐上去了。这个不过刚满29岁的年轻人欣然饮下苦酒前来赴任。

为什么最后圈定刘在锡做MC了呢？关于这点众说纷纭。其中一种是，一位与殷编导关系很亲近的知名演员推荐了刘在锡。这位演员听说殷编导找MC找得很辛苦，就告诉他KBS有个朋友，虽然自己并不认识，但听说这个朋友是个很有意思的人。那个朋友就是刘在锡，那个演员就是已故的崔真实。

终于，2000年11月4日，MBC《目标完成，星期六！》栏目的最后一个节目《明星生存，同居同乐》首播了。当时报道这件事的文章很有意思。文章里介绍《明星生存，同居同乐》的时候，居然没有任何关于MC刘在锡的明确信息。只介绍了节目中有刘承俊、朴智允、刘在锡、梁美拉等15位明星登场，MC参与竞争，邀请了刘承俊等顶级明星的情况。从这件事上就能看出当时刘在锡的客观地位了。

第一期节目的嘉宾有姜贤秀、金宗锡、金彩妍、朴京林、梁美拉、金正勋、崔正元、李珍妮、Brian、欢喜等。并在节目开始的时候播放了真人秀，告知观众刘承俊、朴智允、金成洙、李范洙等人因档期冲突缺席。

MC刘在锡在第一期节目的主持虽然略显生涩，却将真实的自己不加修饰地呈现在了众人面前，完成了一次宣告仪式。

开场介绍参演嘉宾的时候，姜贤秀冷不丁地说了句不在计划内的台词——“在场的女嘉宾里有我喜欢的人”。刘在锡在此展示了机智，对道："那您应该去爱的演播室啊。这节目的名称得换了，换成《明星生存，盘根错节》。"

展示明星个人才艺的舞蹈环节里，嘉宾们纷纷起舞，展示了真实愉悦的反应的精髓。最重要的是，从这时候开始，刘在锡就展现出了自己抓住每位参演者的特点，并将之拿来用作谈话素材的惊人观察力。

在高空跳伞水平训练中，在锡让大家看到了自己害怕高空跳伞几乎晕倒的样子，曝了老底。

在与十几位艺人一起录制的大型综艺节目中，在锡将自己的一切都呈现给了观众，凄惨地摔倒、率先垂范等，自己能做的全都呈现出来。人们能从中感觉到他的真诚，观众们也马上开始给出了回应。

《明星生存，同居同乐》在韩国娱乐史上具有里程碑式的意义，做了很多有别于既存娱乐节目的尝试。有人说它在内容上复制了MBC的节目《快乐运动会》。其实还得再往上追溯，它复制的是1973年开播的MBC节目《愉快的训练》。那时，数十位当时顶尖的人气明星参与演出，在节目里开展丰富的比赛，比如接力赛、拔河、歌曲大比拼等各种各样的集体游戏。主持人是播音员边雄田。但是，1973年的边雄田主持人只是在一旁"哈哈哈……"大笑。而2000年的笑星刘在锡则是和出演者们一起打滚儿。

从表面上看，《明星生存，同居同乐》开启了私人摄像机的时代，宣布了长时间节目录制时代的到来。在以往的综艺节目里，即使有多位嘉宾上台，台下拍摄他们的摄像机数量也不会超过既定的范围。如果是在摄影棚里录影，顶多在摄像机1号、2号、3号、4号之外再加一个带起重机的摄像机，能在空中大范围拍摄的摇臂。

可是，《明星生存，同居同乐》为了将所有嘉宾的真实鲜活的反应都抓住，给每位嘉宾都配上了一架专属摄像机。现在的《无限挑战》《两天一夜》《RUNNING MAN》收视率等多人参演节目中，给每位参演者配置专属摄像机是理所当然的事。可是这种做法在2000年时，却是由《明星生存，同居同乐》最先尝试使用的。

另外，让李京奎吐血不止的，开启了“十小时录制时代”的罪魁祸首就是《明星生存，同居同乐》。拍摄一般从晚上十点开始，到次日早上六点结束。虽然每次拍摄都做成每集三十到四十分钟分成两次播出，但与一直以来的拍摄时间相比，确实是凭空拉长了太多。

李文世、李洪烈、李辉才时代的《星期天晚上》，要制作一个小时的播出内容，最多也就多拍八十分钟而已，《快乐星期六》也一样。反倒是制作的时候出现差错，导致MC们看不到本应该看到的VCR的情况时有发生。如果遇到了这种状况，那么录制时间就会大幅度缩短，差不多三十到四十分钟就能结束。在这种情况下，

MC们往往会更有兴致，发挥出暴风骤雨似的即兴表演。

但是，从《明星生存，同居同乐》开始，号称现场综艺的节目录十个小时是基本的，更有甚者要两天一夜不休息一直拍摄。以后会有机会详细讲讲关于这部分的故事。

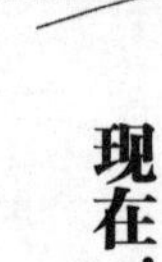

只要虔诚地祈祷，总有一天搞笑之神能听到，会遣人来。他像彗星一样出现，他就是金海星代表——一个在1998年，开设了我国第一家专为笑星服务的经纪公司的人。他曾经是一个与电视广播毫不相关的人，他从二十岁开始，在七年间踏遍了四十多个国家经营服装生意。1997年，因结婚而与南希锡结识。金海星有个做经纪人的朋友，这个朋友介绍南希锡给他做婚礼司仪。没想到谈着谈着，发现南希锡与自己的新娘是同乡，于是两个人成了酒友。

妻子有孕后，金海星开始寻找新职业。因为做服装生意总归是得这里那里地四处奔波。他没有苦恼很久，就通过熟人迈进了经纪人的世界。最开始他从歌手经纪人做起，却没能从中尝到什么乐趣。这时，他观察到了笑星们所处的恶劣环境和境遇。金海星在日本的时候，不仅热衷于观看喜剧节目，还目睹了日本喜剧演员们的地位之高。

在我刚开始娱乐作家生涯的1993年，以及之后的很长一段时间里，我们的娱乐界一直在坚持不懈地做一件事，那就是看日本的娱乐节目。

创造性学习。每次看的时候都会觉得，日本的娱乐节目实在是厉害，使人惊叹不已。没有什么好办法，只能照搬、照做、偷过来。我们坚信这不是抄袭性学习，而是创造性再学习。还曾经试图将“过去我国计划建立电视台的时候，直接把日本电视台的编制表拿过来原封不动地画在了纸上”这个传闻合理化。那个时期，娱乐编导和娱乐作家做得好不好，创意多不多，有没有能力，就取决于谁看的日本节目更多。

那时候他们的节目是那么令人感慨，导致我选择的第一个出游国家就是日本，去了日本的心脏东京。我想直接过去，亲眼看看到底是些什么样的人生活在一起，才能产生那些了不起的构思。

MBC大楼八层编辑局里排列着许多日本娱乐节目的录影带。在很多人都急于从编辑局借录影带看的时候，作为一个在日本当地接触了娱乐节目很久的人，在娱乐方面，金海星起码有着与众不同的信息和触角。

他确信我国的笑星时代也即将到来。当时在日本，排名前十的艺人中，笑星在人气和收入方面占据了绝大部分比重。再加上自己还和南希锡这个杰出笑星相熟，没什么可再犹豫的了。他决定要给南希锡安排个经纪人，开个经纪公司，并开始游说。

南希锡当然第一反应就是笑星要什么经纪人！可是金海星说如果他不答应，就要把他喝倒十次，喝到鼻歪嘴斜，于是南希锡只好签约。难道是因为这个南希锡的鼻子才有点歪吗？

公司名字定为GFAMILY，喻义笑星们像亲人一样和睦相处。GFAMILY的成立带来了几个变化。首先是为笑星提供经纪人、策划和车辆。其次是邀请方式的变化。之前，制作组只要直接给笑星打电话或者通过喜剧演员工作室联系就可以了，现在却与经纪人联系。从联系的性质上讲，以前的联系实际上就是通报，现在却是提案。也就是说，如果经纪人对提案不满意，那就可以拒绝。

站在制作组的立场上看，这样的变化当然很陌生，也引起很多不便。但制作组也已经清楚地感知到了娱乐的发展方向，无法逆时代潮流而行。不知是不是引入经纪人体系带来的效果，南希锡上了《BALAPALABALA的夜晚》后更火了，GFAMILY的实力也有所提高。

开经纪人公司并不只是简单地为旗下艺人接工作，获取各类联系，负责艺人接送。怎样能让旗下的艺人更受关注成为明星呢？金海星代表为此冥思苦想。于是自然而然地开始构思节目企划和节目创意，偷偷地告诉编导。能不费很大力气就做到这点，得益于他对日本娱乐节目的洞察。

在日本娱乐界，相声这种形式单独构成了一个表演类型。两个人站着用言语你来我往，搞笑变得日常化。这样，搭档活动的笑星们就占据了主流地位。比如虽然现在已经广为大众所熟知，但当时却只有娱乐作家们比较熟悉的DOWNTOWN、唐纳思、伦敦靴子、爆笑问题等就是这样的搭档。

实际上，1995年MBC就曾在喜剧节目中尝试过搭档这种体系。那档节目的名字是《搭档搭档》，米店老板金永熙编导参加了演出。像洪实际（李洪烈+李敬实）、好男孩（姜虎东+崔成勋）、哆嗦嗦和冷冰冰（洪奇勋+罗景埙）、Two Suks（徐京锡+李允锡）这样，将喜剧演员们捆绑成搭档表演各种情景剧。但是，没过多久就降下了帷幕。

金海星代表开始寻找能和南希锡一起搭档的人，要从各个方面看都和南希锡的形象和外貌不一样才行。适任者就在MBC——长相帅气的笑星李辉才。20世纪90年代初、中期的时候，他曾在《星期天晚上》栏目的《TV人生剧场》中画下了不俗的一笔。彼时他正处于退伍后尚未安顿下来的时期，于是愉快地接受了金海星代表的提议，进了GFAMILY。

南希锡和李辉才成了搭档。在日本，说相声只要站在舞台上就可以了，我国需要的却是电视节目。1999年2月，SBS的节目《南希锡、李辉才的美丽约会》首次播出，收视率高达30%。节目中有一位漂亮姑娘分别与南希锡和李辉才约会，然后决定自己比较喜欢谁。

南希锡、李辉才的搭档一路畅通无阻，两人顺利当选了KBS《自由宣言，今天星期六！》的MC。金海星代表力挺二人的同时，还在寻觅值得培养的人才。于是，通过《TALK-BOX》火得一塌糊涂、曾经顶着蚱蜢头套演出的刘在锡也加盟了这家致力于有规划的娱乐世界的公司。

南希锡的经纪人起了念头想上电视，还说要上大学，准备高考，这就是金宗锡。当时需要一个人和金宗锡一起猜谜，比比看谁更无知。既然如此，最好是个善良的人。这个人近在咫尺，那就是刘在锡。

刘在锡和金宗锡做搭档一起主持情景剧，渐渐收获了一些人气。在《致不眠的你》中在锡和金宗锡比拼猜谜，意外的是刘在锡竟然比金宗锡还无知。连败之后要接受金宗锡的惩罚，却不知为何并不觉得讨厌。最重要的是努力，尤其是在私人场合非常能说，非常搞笑，这点受到了金海星代表的高度评价。

据金海星代表说，刘在锡是个从不去开房，连夜店都坚决不进的稀有人种。刘在锡的理由是，如此艰难才出了名，不想因小事失足堕落。天生连酒都不能沾的在锡，是个很特别的人，总是节目一结束就回家。

不论做什么事，第一次总会比较难。如今，如果笑星们从某电视台专属的身份中脱离出来走进自由市场，其中有些才能的朋友们选择进经纪公司是理所当然的事。可是在20世纪90年代末，那却是种难以想象的风景。各电视台的“专属”意识也很强烈，那是一个禁止在本台节目中谈及他台节目的时代。但是，正如历史在前进一样，娱乐也是一直在发展的。

如果某个节目很火，那么在节目环节里做过的某个游戏可能也会跟着流行起来。很多时候，这种现象的发生并不是节目早已计划好的，选择某个游戏的时候其实并没什么特别的想法。

“背背小九九—— 背背小九九——”当时我参与制作的MBC《SHOW！星期六特快》栏目的《明星常去的店》正在拍摄，我正在想着有没有什么明星能轻松玩耍的游戏。那时也在现场的金升焕编导提起了这个忘了什么时候和朋友一起玩过的游戏。火了！

很多朋友都知道，其实“孙炳浩游戏”也不是《Happy Together》制作组开发出来的，而是拍摄当天其中一位嘉宾——演员孙炳浩跟大家说了之后才开始的。在电视节目中，还有很多类似这样的始于微末，收于盛大的例子。

2000年，在锡通过MBC的《明星生存，同居同乐》成功踏足MC界。对于日后一直在持续进步的刘在锡来说，这个节目是他单人主持生涯开始的地方。

在《同居同乐》取得长足进展的刘在锡派头十足地回到了娘家KBS，入主周日娱乐节目《SUPER TV，快乐星期天》。但是，2001年的周日娱乐节目中没有哪个能与MBC的《星期天晚上》匹敌。拥有李京奎与申东烨、金勇万一起组成的强大阵容，《星期天晚上》仿佛永无止境一般地碾压着其他节目。《分享爱的粮食》《刘在锡的戒烟学校》等节目自然无法与之抗衡。新节目《MC大碰撞》也使了很大力气，结果还是走到了不得不宣布失败的一刻。那时尝试过的四人游戏叫《空空嗒恐怖的空空嗒》，出演者是刘在锡、李辉才、姜虎东和金汉锡。

在轻轻开启了2002年新年大门的《空空嗒恐怖的空空嗒》中，刘在锡遇到了自己的平生劲敌，一个想打又不能打的人——姜虎东。他在日后成了在锡的有力竞争者，也使得韩国娱乐界更加丰富多彩。在《空空嗒恐怖的空空嗒》中，在锡的好口才真正开始大放异彩。即使每次掰腿什么的都会输给姜虎东，他却还是全身心投入、乐在其中。

沉浸在游戏中的姜虎东为了做任务急急忙忙赶到走廊，被摄像机撞到了眼睛上，不一会儿，他戴着眼罩走了出来。在锡不会就这么放过他。

“还以为是眼罩呢，其实是口罩。”

在主持人穿着太监的服饰出场的新出特辑中，在锡以自己独有的犀利观察力捕捉到了姜虎东头上的异常，把它变成了笑料。后面会详细讲到这件事。

《空空嗒恐怖的空空嗒》压制住了曾经如城墙一样不可战胜的MBC《两天一夜》，同时在全国掀起了空空嗒游戏热潮。

空空嗒四人帮向上更进了一步。姜虎东晋到了重要MC一级，并在MBC电视台开了《姜虎东的天生缘分》。李辉才和金汉锡也向上跃了一大步，和刘在锡一起宣布将要复活情景剧喜剧，在SBS开了一档叫《情景剧之家》的节目。

后来，朱荣勋、金炳奎、申正焕和姜成范一起主持的《空空嗒恐怖的空空嗒》第二季在2002年11月亮相，却没能带来第一季那样的效果，最终渐渐开始没落。

于是，后来《MC大碰撞》又推出了新节目《危险招待》，但还是无法与以往的名声相符。最终，SBS找到了刘在锡。之后，刘在锡与李赫宰一起接受了《危险招待》的邀请。使人惊讶的是，虽然是半路接手，但刘在锡却成功地完全接管了《危险招待》。

秘诀不是别的，全凭努力用功、全力以赴、全身心投入到节目中的态度。姜炳奎可以说是《危险招待》的前辈了，当他看到这样的刘在锡，也不由得露出了惊讶的神色。

刘在锡和李赫宰联合主持的第一个节目是2003年8月播出的电影演员河智苑篇。娱乐节目中没有定数，在摄像机开始运转之后，不论是谁，只要做充满自信的自己就可以了。在锡从分配座位的时候就开始爆发娱乐感，没有放过编导喊演出人员的时候对金炳奎和自己称呼的微妙不同。

编导：炳奎哥，在锡……

在锡：不对啊，我们俩同龄，炳奎哥、在锡……难道是我太敏感了？

在锡用搞笑的方式正式开始了谈话。在锡摘掉眼镜被当头泼了一身水之后，他会真心开心地说："这就开始了啊。"被掀倒次数最多的也是刘在锡。河智苑一说什么故事，他就会爽朗地大笑起来。

"我们不知道都有什么问题。只是觉得有趣就笑，让倒下就倒下……"

当看到他连自己不防水的手表都牺牲掉，只为制造笑料的时候，大家不由得肃然起敬。

在歌手朴静雅篇中，在锡也一直很活泼。收尾的时候，有人问朴静雅四位MC中谁主持得最好，朴静雅指着在锡称赞道，很有意思，而且该总结的东西都总结得很及时到位。被水弹打中向后倒过去的时候还不忘做总结。这样的在锡，让姜炳奎无法不惊讶。

"对，很惊讶。啊，这样的MC才叫'明星'啊！第一次让我真实感觉到这点的MC就是刘在锡，休息的时候也幽默不断。当时的我面对这样的姿态，只能着迷地一直望着。”

此时，用《空空嗒恐怖的空空嗒》和《危险招待》压下了MBC节目《两天一夜》的刘在锡已经稳稳跻身国民MC的行列了，可他却做出了一个令人感到意外的选择。

成功地结束了MBC的《明星生存，同居同乐》，刘在锡没有和MBC续约，而是转到了SBS。所以，在锡有很长一段时间都没能与MBC合作。但是，刘在锡已经是被全国观众充分认可的重要MC了。现在是MBC重新需要刘在锡。

拯救正在衰落的MBC娱乐的重任，落在了用《隐藏摄像机》《来赞美吧！》《李京奎去了》将娱乐和公益完美对接的米店老板金永熙编导身上。

说到这儿，容我发挥一下自己的特长——跑题。米店老板金永熙编导曾经和我一起在一档叫《搭档搭档》的节目中有过合作。米店老板这个绰号是因《银鱼小姐》而深受欢迎的李京实取的。没有什么特别的原因，只是因为他长得像米店老板。

我二姐从淑明女大音乐学院大提琴专业毕业后就进了MBC管弦乐团工作。那会儿马上要到中秋节了，二姐家里接到一个电话。电话那头问明了二姐是否在

MBC管弦乐团任职之后，说自己是米店老板。二姐理所当然地认为打电话的人是金永熙编导，又惊讶又高兴，问道："不是，米店老板给我打电话有什么事吗？喜剧里需要我们管弦乐团吗？"米店老板不管三七二十一就报出了二姐家的地址，还问地址对不对。问过才知道，原来那位真的是米店老板。MBC准备在过节的时候给员工们发点大米，所以真正的米店老板才打电话来确认。

金永熙导演计划这次要做一次真正的公益性娱乐节目，他大张旗鼓地喊来了很多实力超凡的MC。李京奎、申东烨、金勇万、刘在锡、朴京林，MC界的"复仇者联盟"开动了。

很多人都知道，刘在锡在《感叹号》中和金勇万一起主持了一档以读书为主题的节目《书书书，一起读书吧！》。不知道是因为金永熙编导的策划绝佳，还是刘在锡和金勇万的主持出色，这档节目为全国性读书热的掀起做出了极大的贡献，引起了极大的反响。甚至还带动了"奇迹图书馆"建设运动，被人评价为娱乐节目救活了韩国出版界。

和金勇万一起做先锋，走上街头号召市民们一起读书的时候，刘在锡在想些什么呢？1991年一起进电视台，在自己无限落魄时青云直上的同届友人，他们一出现自己就关电视的同届友人，十年后，自己已经与这些友人平级，与他们一起主持节目。看到这样的自己，难道不觉得有些感慨吗？

通过《空空嗒恐怖的空空嗒》稳稳跻身国民MC行列的刘在锡所选择的是条艰辛的路——复活传统喜剧。就是那个幼时让自己欢笑，让自己萌生了笑星之梦的喜剧。他要挑战情景剧。

其实，以首尔艺大的师兄弟们为中心，每年都会举办“笑星演唱会”。所以，他的决定或许也不算新奇。但是，在已经确立了自身MC地位的情况下还要回归情景剧，这并不是个容易的决定。所以，前辈喜剧演员们对在锡很是称赞。

要想知道在锡在这个计划中投入了多少热情，只看他将与李辉才一起主持的《SUPER TV，开心星期日》中的《空空嗒恐怖的空空嗒》《有理由的夜》《决斗味对味》《珍奇录，啪啪啪》全都放下就知道了。刘在锡为了演情景剧放下了如此多的东西，究竟是为了什么呢？

事实上，刘在锡在情景剧上从没成功过，只不过在《喜剧世界》里扮演无业游民丈夫之后稍稍有了些认知度而已。使他摆脱了将近十年的无名岁月的，不是情景剧，而是靠说话做的《TALK-BOX》。

与之相比，申东烨一出道就出演《您好？》，凭着这个说话像连珠炮一样的情景剧脱颖而出了。姜虎东也靠在《雷雨》中参演了一个有点负担却很可爱的洗脑式情景喜剧受到了关注。宋恩伊也是，一起演情景剧却比自己更受称赞。而李辉才能够在出道后没多久就成为全国知名的明星，也是源于他在《星期天晚上》的《TV人生剧场》中展现出来的绝佳演技。他在《今天是个好日子》的《大家庭成员》等节目中参加了很多情景剧的表演。

李京奎更是毫无争议地可以称为情景剧之神的喜剧演员。只有刘在锡没能在情景剧中崭露头角。会不会是想堂堂正正地让自己的蛰伏期和“捕快乙”时期、吊车尾时期得到升华呢？

终于，2002年11月，SBS的秋季改编中，刘在锡与李辉才、宋恩伊、洪禄基一起出演的传统情景喜剧《喜剧世界》首次亮相。

但是，结果是惨败的。失败的原因可以从多方面进行分析。可是，我认为可能是由于他们虽然在制作过程中理所当然地参考了日本的多种喜剧节目，却因疏忽而未将我国的喜剧情趣融入到节目中。

随着时代的发展，我国观众对情景喜剧的期待已经产生了转变。而他们脱离情景喜剧已经太久了，是不是因此没能正确解读观众的这种趣味变化风向呢？但是不论如何，虽然已经确定了MC的身份，却还不忘对情景喜剧的热爱，这种态度是值得认可的。

2012年春天我做过的节目里，有一档时间不过15分钟，却使人紧张得手里都能捏把汗的动感综艺节目。

首先由身材妖娆的美女们执行重要任务。究竟会引发什么样的结果，谁都无法预测。究竟有多难预测呢？这么说吧，每集的观众最少有数百万，但其中准确命中的不过五六人而已。尤其是最后宣布结果的时候，甚至具有使人心跳停止的威力。为了做到这一瞬间，其中历经磨难的过程让人手心不由得攥把汗。极其紧张的时候，甚至能让人把手泡在汗里。

再加上，它还是个使人悬着一颗心的直播节目。到底是什么节目这么有意思？它正是韩国最棒的综艺节目《年金福彩520，抽奖全直播》。

就是这样，短短15分钟的福彩抽奖直播里融会了多种要素。在这档节目里，刘在锡的主持艺术大放光彩。正是这档节目让世人皆知刘在锡是个有意思、很会玩儿的人。

小时候唱过的儿歌，只听一遍，然后准确地将儿歌唱出来，机会只有十次。音乐方面的要素十分重要——在这里，只要有一个人错了就得全体重做，所以需要合作。要想把握恰当的时机，还得有点小聪明。节目还有惊险和悬念要素，动作要素也是十分重要的配备——歌词只要稍微错一点，一直悬在上方的五个餐盘就会毫不迟疑地落到五位参与演出的人头上。

想必大家已经猜到了，这就是KBS的深夜脱口秀《Happy Together》中的环节《餐盘练歌房》。《Happy Together》从2001年11月开播，之后历经了几次MC的变动。第一季的MC是申东烨和李孝利。第二季的MC是刘在锡和金在东。现在第三季的MC是刘在锡、朴明秀、朴美善和申凤善，这个阵容一直维持没变。中间卓在勋和金雅中也曾经主持过《朋友们》，但没能持续很久。

在《空空嗒恐怖的空空嗒》中投入了极大热情，为了让情景喜剧重新焕发生机倾注了所有，却只得惨败收场的刘在锡，分别在2003年和2004年正式担纲了KBS和MBC的两档脱口秀节目，就是《Happy Together》和《来玩吧》。众所周知，直到现在，这两个节目还牢牢地占据着每周的星期四晚上和星期日晚上。

谈话节目，正如字面上的意思，就是每周有特定嘉宾出场，公开自身故事的节目。乍一想，看起来并不难做。

但事实上，很难。想法总是神奇地不一致。制作组想听的故事和演出者想说的故事一致的情况并不多见。一旦嘉宾接受了邀请，就应该使其心情愉快地走进摄影棚。制作组能做的也就到此为止了。从走上舞台起，之后的事情就取决于MC的能力了。

所以，在谈话节目中，MC的角色十分重要。也因此，能同时将两档脱口秀节目一做就是十年，这真是个非常了不起的成就。

即使是以谈话达人、搞笑绅士的身份在韩国娱乐史上划下了重重一笔的朱炳进，也在经过了长时间的苦恼和思考重新复出后，连一年都没能坚持住就下车了。这么一看，立刻就能明白刘在锡是多么了不起了。

既然已经说到这儿了，就再简单说说娱乐史上当仁不让的一根中轴——脱口秀吧。此前，已经有多少脱口秀经历了明灭。

帮助在锡出名的是那个娱乐节目特质十分鲜明的首个脱口秀，1989年首次亮相的《Johnny Yune Show》。事实上，在谈起“20世纪90年代的喜剧”这个话题的时候，除了情景剧还有什么呢？苦思过后浮现在脑海的是《星期天晚上》，而它也曾受到《Johnny Yune Show》的极大影响。

通过《星期天晚上》夯实了主持功力的朱炳进去了SBS，1993年开始了节目《朱炳进SHOW》，又在MBC开了一档纪录片味道很浓的《金汉吉与人们》。

谈话主要是坐着进行的。可是，仔细想一想，其实并没有规定说一定要坐着谈。如果边做游戏边谈，是不是会更有意思呢？直到现在还名列国民游戏榜单的"真真真"就曾出现在节目《李洪烈SHOW》中。这个节目从1995年开始播出，中间虽然停播了两年，但直到2001年还在显露余威。

现在，我想到了可以试试增加特邀嘉宾的数量。我在策划一场火花四溅的谈话盛宴，也有了合适的人选。《徐世源SHOW》于1998年正式开谈。我非常感激徐世源，如果不是徐世源，也许现在我就不能写这本书了。有一个故事，里面牵涉到了徐世源和我，有机会的话我会讲出来。

脱口秀是不是一定只有男人才能做？想到这个问题，我马上抬起头来。两位女战士让我们看到一些东西，《李丞涓的Say Say Say》和《金惠秀的Plus You》装点了1998年。

制作组和娱乐人是一群片刻都无法闲下来的人，时刻都在想有没有什么特别的东西。这次的MC非得只用一两个人吗？对，试试团体MC吧！

2003年，《野心满满》开拍了，《来玩吧》也可以算进这种类型里，《Happy Together》也没什么大的不同。此外，还有2007年开播的《膝盖道士》——这个节目算长寿了，不过最终没能避过下档，以及团体脱口秀《强心脏》《乘胜追击》和普通人参与的《大国民脱口秀，你好！》。如此，就可以看出刘在锡掌舵的《Happy Together》和《来玩吧》是多厉害的节目了。

那么，刘在锡主持的谈话节目能够长寿的原因是什么呢？原因必然有很多，但如果只说一个的话，那就是能让受邀嘉宾乘兴而来舒心而归。

演员和歌手想展现自己接地气的一面，除了参加脱口秀等娱乐节目之外没什么其他的好办法。因为电视剧、电影或者表演的舞台等并不是可以展现人平凡一面的平台，所以他们才来上脱口秀。问题是，如果稍不留意说错了话，或者露出了意想不到的一面的话，那就适得其反了。

另外，演员和歌手已经习惯了只在安排好的舞台上表演，所以有可能对于随时都在即兴表演的娱乐节目感到不适应，不得不小心应对。而且，主持人能否善加引导也是决定性的因素。刘在锡在这些方面就做得很老练。所以，参加节目的嘉宾总是感到很满意，下次还想来上节目。

“不久之前我参加了《Happy Together》的录制，到那儿之后，他特别照顾我，告诉我做节目的时候放轻松……所以，录影的时候我就很放松。结束之后上网一搜，都说喜欢……上升了很多……非常感谢这个节目，刘在锡老师！非常感谢！”这是After School的成员Lizzy在其他节目上说的，得是多高兴才能这么做啊。

一起工作的编导对刘在锡也是异口同声地称赞。

“首先是很照顾工作人员的立场。我们想要的是什么，节目有什么样的意图、想说什么，他都能最先把握住。所以在摄影棚里注意力非常集中，对我们示意的东西消化得非常充分，然后巧妙引导，做出最好的节目效果。”

正是因为这样，那些数一数二的大明星们都很开心地说想上刘在锡主持的脱口秀。为了电影宣传而首次参加娱乐节目的演员薛耿求也是如此，他说“应该上刘在锡那儿去”，然后就上了《来玩吧》。马上就要开播满十年的《Happy Together》和《来玩吧》，一直在尝试变化，朝着二十年的方向努力。

首先，从今年开始《Happy Together》投入了准备晋级G4的工作中。先是在现有MC刘在锡、朴明秀、朴美善、申凤善的基础上又加入了崔孝宗、金元孝、郑范均、许景焕，又以冲击G4的名义引进了金俊浩。忽然之间，光主持人就有九位了。《Happy Together》平均每期节目邀请四五位嘉宾，那么就有差不多十五个人在一起聊天，简直成了七嘴八舌的脱口秀。这种变化下把媒体也弄得找不到重点，晕头转向，批评说幸好刘在锡的现场掌控做得还算到位。

究竟是出于何种用意才要投入G4呢？我注意到一点——进节目的全都是笑星。有很多轶事说，刘在锡从骨子里就是个笑星，所以总是对笑星很有感情，很愿意提携后辈的笑星。但这并不是说，让G4来上节目只是单纯地为了让后辈笑星们有节目可做。

我想，这可能是他在脱口秀中进行的又一种尝试。有种说法，说笑星们不擅长综艺，虽然在笑星演唱会上爆发力十足，可是一上了综艺节目或者脱口秀就闭口无言。

但是，笑星怎么会不是幽默方面的专家？只要不断地提供平台，让他们得以积累经验，笑星们也能做出优秀的综艺节目。他是不是想要证明这一点呢？因为他本身已经做了足够多。

如果刘在锡的计划与我所想的一样，那么，希望他一定要成功。

虽然在深夜脱口秀畅谈不休，但刘在锡应该去的，还得是有着众多游戏的地方。在《明星生存，同居同乐》中已经充分证明了刘在锡这个人有多会玩儿，即使与很多人共处也能让每个人都满意愉快。SBS的周六晚上为刘在锡准备好了舞台，雄心勃勃地出发了。这就是2003年11月首次亮相的《真实星期六》栏目下的《寻找X-MAN》。

《寻找X-MAN》的游戏方式比《明星生存，同居同乐》更进了一步。事先在参演嘉宾中指定一位为“X-MAN”，并只告知当事人一人。被授予“X-MAN”任务的嘉宾将提前接到具体指令，扮演偷偷阻碍游戏进行的角色。“X-MAN”不能被其他嘉宾发现，而嘉宾们则要找出谁是“X-MAN”。所以，随着游戏渐渐展开，互相之间不可避免地充斥紧张之感。

虽然我不是做《寻找X-MAN》的编剧，但因为是电视编剧，所以有些人会来问我。刘在锡知不知道谁是“X-MAN”？每次我都会这么说：“也许最开始的时候为了确保节目顺利进行，抓住节目感觉，他提前知道是谁的；但在某一个时间点以后，就连刘在锡都不会事先知晓了。”

我认识的一个后辈编剧那会儿正在做《寻找X-MAN》。其实我也曾犹豫问还是不问呢。再怎么是做主持吧，一知道就没意思了，是人都会在脸上表现出来的。再加上，从刘在锡这个人的性格上说，即便制作组中有人表示可以稍稍透露一点，他也会请那人别那么做的。为什么？因为刘在锡考虑的是整个节目。

一听说我是电视编剧，人们往往要问几个问题，其中几个问题比较典型，就是下面这个问题套餐：

“就那个人，有剧本吗？”

“那个人，事先真不知道吗？”

“见到了？”“嗯。”“漂亮吗？”

做《星期天晚上》的时候，被问得最多的问题就是关于将李景奎打造成了国民笑星的《隐藏摄像机》。虽然我没和《星期天晚上》节目组一起工作，但人们还是会问：“《隐藏摄像机》里，他们是真骗吗？”一开始听说的时候，说实话我也很好奇，于是就问了一位前辈编剧：

“嗯，当然是真骗了。”

“那人是真上当呀？”

“嗯，你想想，好多人把一个人变成傻瓜，容易还是难？”

“当然容易了。”

“所以说我们是真骗，那边也是真被骗。”

我原封不动地转，是真骗。不过还是微微有点不如意的地方，在真骗的前提下，还有些话得说明。问题在于，不存在百分之百的完美。制作组也好，李景奎也好，只要是人就会有可能预测不到的状况。

在这里，可以分成两种情况来解释。一种是看出自己被骗了，但是不说“是《隐藏摄像机》吧？我不会上当的，咯咯——”，而是装作上当的样子继续演戏。演员当然不用说了，各个演技超群，演起戏来不会多难。

还有一种情况，也是最坏的情况，就是穿帮。遇到这种情况，就得先暂停拍摄，然后二选一，一是物色别的人选，一是装成上当的样子继续进行。忘了这是实际发生在谁那期了。

《寻找X-MAN》中，刘在锡的主持手法一如既往地不断提高。一连录制13个小时也不厌倦，片刻不休地一直说。那天，他对每位嘉宾都做了精心而精彩的介绍。为了不让任何人被忽略，一直观察全场，尽心顾到每一个人。

哈哈在有金钟国在场的时候说自己的后续曲是《从头到脚都可爱》，还唱了两遍。这时，刘在锡说：“可是你每次唱的都有点不一样啊？”把哈哈和金钟国都逗得哈哈大笑。

细亚俊秀帅气地唱着“what I gotta do”的时候，在锡来了次极致的即兴表演，“不是说让我过来嘛，为什么又把我圈起来呀”（韩语的“让我过来”与what I gotta do谐音）。天上智喜在舞蹈新区发布仪式上跳舞，在锡一边喊着“哎呀妈呀！哎呀妈呀”一边展现了超强的反应神功。随着那一年最热门的话题《那当然了》的开始，刘在锡的主持功力攀上了巅峰。他会给嘉宾们分配适合自身的问题和应该做的事。做《那当然了》的时候，在锡说的话到底台本里有没有？我还经常被问到这个问题。《寻找X-MAN》第51期做的是2005年圣诞节特辑，我把《那当然了》环节的台本放上来给大家看看。这是凭借《寻找X-MAN》荣获了“韩国电视编剧协会娱乐编剧奖”的李美善编剧的剧本。

S#4. 镜头Ⅱ / 那当然了

《游戏进行方式》1：1对决

① 轮流向对方提问题，不论被问到什么问题，都必须回答“那当然了”。

② 如果被问住，说不出“那当然了”，则判定失败。

·使人难为情的问题是本游戏的乐趣所在！

·请避免提出诽谤性问题 / 人身攻击性问题（反正不能播）！

在锡：下面这个环节！绝对是大家的圣诞派对里必不可少的环节！

2005年最流行的流行语！

全体：（与镜头一起）那当然了！

虎东：观众朋友们，圣诞节快乐！虎东为各位观众朋友们准备了一份礼物。所有喜欢虎东的朋友们，今天的《那当然了》我要赢两次，以报答各位对虎东的喜爱。

京林：这话的意思就是你一点都不想报答观众是吧？不管怎么说今天不是圣诞节嘛！圣诞节，顾名思义，这是个让爱的奇迹发生的日子！今天，我朴队长，有自信像圣诞奇迹一样创造精彩传奇！

在锡：虽然今天是圣诞节，但是两位可都是好大的口气。究竟，今天能不能诞生两位所说的传奇般的《那当然了》？让我们一起期待吧。圣诞特辑"那当然了"现在开始！

《那当然了》游戏开始！

到此为止，大吃一惊吧？那当然了！当然，受邀嘉宾的基本情况编剧们还是会提供的。但是，正如刚才所说的，只是基本而已。不论是说点有趣的话，活跃气氛，还是照顾被冷落的嘉宾，最为重要的任务是，宣布《那当然了》的落败者时，使当事人接受宣判结果。

说什么话的时候可以断定落败与否，这个问题相当暧昧。因此，稍不留意就可能引起节目嘉宾的不满。就是他如此擅长协调掌控这些问题，才使人惊讶。

稳居SBS周六晚间时段的刘在锡，在2004年秋天接到了坐镇SBS期盼已久的周日晚间时段的命令，并做出了少见的编排，将《寻找X-MAN》从《真实星期六》完全撤出，挪到《星期天真好》中。

他必须击败当时号令周日晚间时段的MBC栏目《星期天晚上》的拳头节目《智囊生存》和《爱的小屋》，组建最强阵容《寻找X-MAN》和《反转剧》后，他终于压下了《星期天晚上》。

刘在锡将周日晚间时段也收入了囊中，此时，他的目光瞄准了MBC的星期六。刘在锡有个梦想，虽然从以前就开始一点一点地尝试，但终因时机不对而不得不承受败果。从很久之前就想去做、想去实现的梦想，放飞这个梦想的舞台，已经在MBC的周六准备就绪。

20世纪90年代，他的大部分的节目都是在MBC做的。前面我说过，当时的刘在锡还处于蛰伏期，所以我的信息雷达里没有他，我得坦白。

2001年到2006年这段时间，我完全沉浸在《寻找吧！美味的TV》中，徜徉在饮食的世界里，所以没能认真了解刘在锡。

2005年，我从当时《寻找吧！美味的TV》制作公司所在的弘大停车场旁边路过的时候，偶然遇到了一位和我一起做《SHOW！星期六特快》做了很长时间的编导。他们已经拍了很久，我便问这是在拍什么节目，他说是《星期六》。

不久之后，我与久未谋面的，与我同年起步的笑星表英浩坐在一起聊天。我问他最近在忙什么，他说：“哥，我进了周六晚上时段的固定班底，很久没做过了，说实话挺累的。”他说的正是《无谋挑战》。究竟是什么人让表英浩这么累？

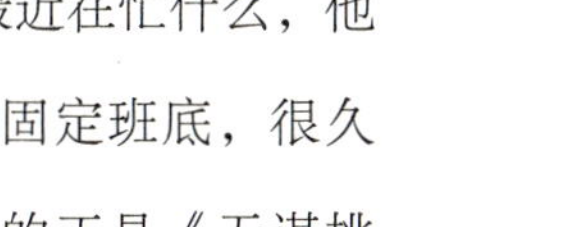

是什么事让他这么累呢？

“哥，是个叫《无谋挑战》的节目，确实是有勇无谋。”

“那你为什么要做？”

“在锡说一起做吧，我就做了。说实话，我觉得好像不太适合我。”

1993年，MBC的娱乐局在几乎相近的时间里遴选了一批喜剧编剧和笑星。激烈的竞争过后，五位以文字逗趣的男女编剧和十几位以肢体和语言逗趣的男女笑星一起，参加了在位于MBC大楼后身的餐厅里举办的欢迎会。

其中有一个人和我走得很近，因为他与我年龄相差最小，又彼此认为对方长得最像样。这个人就是笑星表英浩。让人生出“怎么能长成那样”的想法的朴明秀会不会狠狠地瞪我们俩一眼，来句“切”？不会就算了。

表英浩出身首尔艺大，相貌清爽，很聪敏。他的目标从一开始就是做MC。所以除了台里安排的情景剧之外，连当时大部分笑星只要接到邀请就要道声谢的特派员一职他都婉拒了。表英浩叹息说，没有编导和编剧能看懂自己用语言表现出的诙谐趣味。

他有很多朋友，后来还和金勇万、金国振、池锡辰、刘在锡等一起成了那个有名的“嘴皮子俱乐部”的成员。

如果刘在锡一刻不停喋喋不休地说有朝一日成为明星什么的，表英浩就认真地听他倾诉。表英浩和金勇万一起忙着玩儿，和金国振一起驰骋球场。他将自己的目标潜沉于心，努力生活。就是这样的表英浩，他竟然说做节目很累——得和黄牛比拔河，和地铁比赛跑。

英浩到底还是退出了《无谋挑战》，去寻找自己喜欢的地方。不论是什么事情，只有自己真心喜欢才有意义，才能生出动力。不必说，刘在锡自然是喜欢、有动力，跃跃欲试了。

2005年4月23日，这是个应该铭记的日子。我认为，不妨宣布，这天是韩国真正意义上的实境综艺节目正式开始的日子。

《无谋挑战》第一期开始了。参演人员有刘在锡和郑亨敦，卢洪哲和表英浩，特邀嘉宾是李正。挑战题目是“黄牛VS人，拔河大比拼”。刘在锡站在那块简陋的背景板前面，四个像自由搏击拳手一样遮住了脸的人把他围在中间，等着他介绍自己。接下来，刘在锡依次介绍，刘班长刘在锡、小聪明表英浩、大力士郑亨敦、唠叨博士卢洪哲，以及舞者李正。

在锡从节目一开始就滔滔不绝地说个不停，郑亨敦用一副受不了的语气打断他问：“什么时候轮到我们说话啊？”在锡却说：“这个没有规定，现在你说吧！”

说是要实境拍摄，可是一开始大家却弄不清从哪儿到哪儿是实境拍，做出什么样的表情才合适，有些不知所措，拍着拍着才慢慢稳起来。这里说的稳起来可不是指节目，而是说参加拍摄人员的心理状态和行动方式。

《无谋挑战》到底是做什么挑战，才宣称自己无厘头呢？

比如：

黄牛 VS 人，拔河大比拼

电车 VS 人，百米赛跑

游艇 VS 鸭子船

自然排水 VS 人工排水

狗 VS 人，狗刨

甩干机 VS 人，拧抹布

硬币分拣机 VS 人，硬币分拣

公交车里不握扶手耐久赛

电脑洗车 VS 手工洗车

甚至是：

蚊香 VS 人，抓蚊子

雪橇犬 VS 人，拉雪橇

之后，以第26期的“游乐机上涂口红”收尾，庄严地落下了帷幕。

节目如其名称，真是些无厘头的挑战。收视率高的话，这一切也还说得过去，可是收视率也彻底垫底。唯一的收获就是表现出了节目的真实性，观众也多少感觉到了一点的真实性。

留言板上热火朝天，还有人推荐挑战创意，艺人们也开始关注这些朋友。特别是电影演员车胜元，他甚至自己打电话过来要求上节目。节目中，车胜元和《无谋挑战》的队员们一起爬上煤山，比拼拎着一块蜂窝煤钻进铁笼，连续作战将传送带上的蜂窝煤一个不落地搬下来。

然而，无厘头的东西就是无厘头的东西，MBC方面也开始施压要求做些调整。之前一起合作的权锡编导退出节目，换了新编导——金泰浩。这位编导虽然不无厘头，但很善于另辟蹊径。金编导宣布要改编《无谋挑战》，连节目名字都换改了，换成了《无理挑战》。

就这样，2005年10月29日，《无谋挑战》开播将近7个月的时候，《无理挑战》开播了。队员结构被断然调整，不过调整本身也有些牵强。节目在原有的刘在锡、卢洪哲、郑亨敦、金成洙的基础上，又新增了第二批队员朴明秀、李润锡、赵惠莲和尹正洙。

第一批队员怎么说也是前辈了，他们看着一个一个被点进来的第二批队员，纷纷说：“唉，不是这样吧。”这时，在锡就会安慰他们：“MC也不是固定的，反正又没有备选方案。”看起来很可亲。

就这样，继《无谋挑战》之后，他们踏上了《无理挑战》的征程。

秋千棒球——一人坐在秋千上踢掉鞋，搭档必须接住

短腿马VS人，500米赛跑

消防车VS人，灭火

落叶清扫机VS人，扫落叶

等等。

很快他们就得出结论——《无理挑战》与《无谋挑战》几乎没什么不同。《无理挑战》陷入了深深的反思。

从《无谋挑战》到《无理挑战》，问题到底出在哪里？从2000年开始，刘在锡多年的梦想已经在敲响成功大门，现在终于到了这个有望被实现的梦想即将实现的时候了，问题到底出在哪里呢？在金泰浩编剧和刘在锡以及队员们苦思不已的时候，12月临近了。“啊，好冷！外面不行了，进室内吧！”

关于此前节目失利无可避免的原因，转移到室内的《无限挑战》得出了最终结论——问题不在身上，而在脑袋里。那么，现在该做什么呢？竞猜问题锻炼双脑！《无限挑战》第三季，《竞猜达人》揭开序幕的时刻到了！

节目组在MC大院儿里搭了个帐篷，拍摄就在帐篷里进行。《竞猜达人》第一期在节目开始首先公布了提前调查好的智商测试结果。直到现在，我再看到这个场面还会笑起来。第一个公布的是金成洙在各个领域的智商指数，朴明秀当场大笑，在锡提醒他“绝

对不可以笑”。可是，就在准备公布计算能力的瞬间，在锡自己却“噗”的一声爆笑起来。亨敦跳出来说：“不对，你怎么先笑了！”在锡答道：“家里有点好笑的事儿……”

智商指数清点完毕后，节目正式进入了以提高智商为目的的游戏环节——《倒着说，啊哈！》。最后，节目还请来了一位心算大王与大家比赛，结果当然是队员们战败。第一期到此画下了句点。

金泰浩编导自己也说，实际上，说什么冬天啊、问题出在脑袋上啊，都只是逗个趣儿。拍摄的时候真的超级有意思，可是不知道为什么从电视上看趣味度却掉了不少，这才是最让人头疼的问题。

结论是问题出在角色上。摄影棚是个易于使人精力集中的地方，能让那些容易被错过的细琐的台词或者反应发挥作用。当玩起《倒着说，啊哈！》这种游戏，或者《呼唤亲吻的嘴唇》《如果和李多海结婚，生出的女儿长什么样》等排位游戏的时候，每个人的角色就开始凸显出来了。这样，《无限挑战》的远大前景才渐渐清晰起来。

说到这儿，还是再听听表英浩的故事吧。

“实际上，《无限挑战》之前在锡失败了很多次。他有想做的事，也一直在尝试，可是总是不成。不过，2005年他又开始了新的尝试。”

刘在锡想做的，做了但失败了的，是些什么事呢？2000年，在《韩国看得见》栏目的《寻找至尊》和《绝不留情》中，刘在锡尝试了挑战金牌榜，召集了一些与自己不是特别熟悉的朋友一同发起某些挑战。这是他的第一次尝试。

无疑，艺人向什么发起挑战这种形式从前就有。比如宣告《星期天晚上》华丽再生的节目——朱炳进和李京奎、金兴国、卢士燕等人向职业运动员学习的《一起学习吧！》，以及以年过不惑的笑星李洪烈挑战蹦极和跳伞比赛等极限运动为主要内容的《李洪烈，说做就做！》。

蹦极我只跳过一次，在澳大利亚一个叫凯恩斯的地方。因为李洪烈在拍摄中说，到了那儿如果仅是游览一圈就回去的话，一定会后悔，所以我要挑战一把。我站到了高达40多米的地方。上去之前还称了体重，好像是要根据体重调整绳索的长度。有很多艺人害怕上到高空，刘在锡也是。他在《明星生存，同居同乐》第一期中接受高空降落训练的时候吓得直喊“不行不行”，一顿大闹。可是我直到上去之后做跳跃准备的那一刻为止，心里都没有害怕、动摇。

如果是在部队的话，我会响亮地回答“有女朋友吗”这种问题。可是我却想不起当时在澳大利亚被问了什么问题了。或许是教官抛过来一句：“How are you？”而我却没回答：“Fine thank you，and you？”

所有准备工作都做好了，我向前迈出一步站好，准备跳下去。就在那一瞬间，我才感到一激灵，只要往前迈一步就落下去了。在这种要用我的意志来控制我的身体的情况下，就在那一瞬间，我忽然想到“啊，所以才说蹦极并不简单啊”。又想着，投身，把自己的身体抛出去，果然不是件容易的事。可是，我不是艺人，不能拖延时间。即便说不敢也不会有任何人注意，于是我豁出去跳了。难道还能轻易就死了？

每次只要我说我跳过蹦极，大家就都会问：“怎么样？”“什么感觉？”我就这么回答：“穿越空间的感觉。”就那么掉下去，虽然脑袋有可能撞到下面的湖水，可是到底没撞到。在空中弹起来几次再掉下来几次，就结束了，蹦极算不上什么。

可是，说实话，跳伞应该会很吓人。跳伞的人得坐着小型飞机飞到一千米以上的高空。如果跳伞的人是业余选手，就会采用体验者在下面，教官紧贴在上面，两个人一起下去的方式。从飞机上跳下来之后会以相当快的速度往下掉，只要在碰到地面之前打开降落伞就可以了。

尽管如此，从那么高的地方往下跳本身就是很可怕的事，挑战了这项运动的李洪烈绝对是个了不起的人。挑战完成后，他说了这样的话：

“从那么高的地方落下来，发生什么意外也是有可能的。可是，我在下面，不是还有教官在我上面的嘛。所以我想，如果掉下来的时候发生了什么不幸的话，应该怎么办呢？然后想到，嗯，撞地上之前应该先唰地翻过身来！”

在那样的情况下还能做这种想法，不愧是李洪烈。不过，那位教官会不会掉以轻心，让自己被翻过来呢？

像这样的，艺人挑战什么项目，尤其是挑战需要长期训练的体育节目是之前就有过的。《一起学习吧！》中出现过很多突发状况。在摄影棚里，观众被放到了前面。从这点上看，《一起学习吧！》更重视的是搞笑，而非真实性。

在当时，这无疑是个划时代的构想。《娱乐守则》第二部综艺篇第六章让我们知道，原来像这样，让各个领域的达人走进节目和大家一起玩儿也能带来笑声，在韩国综艺史册上留下了浓墨重彩的一页。

《李洪烈，说做就做！》已经成了单人挑战秀——完全依靠李洪烈的个人角色魅力而存在，这个极富挑战精神的笑星能把五百元硬币塞进自己的鼻孔里。节目的意义就在于年逾不惑的笑星在户外环境中对具有一定难度的项目发起挑战。

刘在锡继承了这种挑战精神，并在内容上加以变化。首先，不再是单枪匹马地发起挑战，而是结伴一起冲击极限。显而易见，这种方式呈现出来的场景当然比单人挑战赛更加丰富多彩。

而挑战队员们就是日常生活中随处可见的朋友们——一点都不干练、不精明、身手也不很利落。为什么？因为这样才会有意思。与聪明人或者体能很棒的人相比，当然还是不那么聪明、体能不那么好的人的挑战过程更辛苦、更容易发生故事和话题。李赫宰、金宗锡、南昌锡、池相烈等人正是在这段时间里同甘共苦的人。

2003年，他们在《SUPER TV，快乐星期天》中发起了名为“天下第一，外国人球队”的挑战。主要是和体育明星或者体育队伍比赛，但是增加了比赛前的训练环节。如此一来，节目内容就变得更加充实丰富起来。

借此，SBS的《星期天真好》栏目2004年新开了一个跟着高手学武术的节目，名为《刘在锡和感慨无量》。

从当时的新闻来看，抨击节目“换汤不换药”“二流节目”“纯属模仿”的不在少数。直到2005年《无谋挑战》开播的时候，这种“炒冷饭”“模仿”的声浪达到了顶峰。然而重要的是，刘在锡在明知如此的情况下还坚定不移、痴心不改。

而且，那时与2005年有所不同。2005年的刘在锡，与之前相比已经不可同日而语了。表英浩说过：

“《无谋挑战》开始那会儿，在锡已经是不可忽视的大明星了。所以，不管是一年还是两年，MBC都能等。”

刘在锡到底为什么要顶着抨击持续挑战呢？他是这么说的：

“我在三家电视台间兜兜转转，和有着这样那样不足之处的队友们一起不停地挑战。有个人曾经问过我，遗憾弥补了没有？啊，不过与其说是遗憾，不如说是我想告诉大家一些什么。其实不需要给很多东西，只要稍稍呵护一点，只要稍微浇点水，花就能开放。真的，不需要很多。只要路过的时候别踩，哪怕是放任不管，花也会自己想办法盛开的。我想告诉大家这个。‘是的，对。我们有很多缺点，我们还差得远，还有很多不足，不需要多关注我们，只要别踩就行。只要这样，我们就能开出花来。’我想让大家看到这样的心情。”

于是，大家在《无限挑战——竞猜达人》中找到了各自的角色定位。李胤锡空出来的位置被郑俊河填补，全队整装待发。

在“号称”能提高智力的《竞猜达人》播出了二十期之后，2006年5月，终于，《无限挑战》独立出来，成了一个正式节目，由魏圣美特辑开始了征程。不如把每年的5月6日设为《无限挑战》独立纪念日，怎么样？

虽然《无限挑战》——自称在韩国平均水准以下的七个男人打造的实境娱乐节目——可以说是韩国第一个实境综艺节目。但它没有事先制定好的周密完善的台本，所以就没有正确答案。只能由制作组和演出人员一起制定。虽然节目标榜“实境”，可是所谓的实境究竟是什么，他们尚且处于似懂非懂的阶段。

拍电视节目时，一般是配合演出人员的档期每周固定某天集合拍摄。当然是由编剧们联系演出人员，告知录影当天应该在几点到哪里，然后经纪人会带着自己负责的艺人过来。

可是，在这个世界上，不管是什么聚会，总会有人早到，有人晚到。住得近的人来得最晚，这种说法可不只我国有，没准儿突尼斯也这样。不管怎样，工作人员先来，调好摄像机等设备。之后演出人员一个两个的到场，听听当日拍摄的基本情况，就可以开始拍摄了。“High——Q！”

在2006年7月8日播出的第十期中，节目就参加拍摄的艺人会不会准时到场，谁晚到谁早到的情况进行了实境拍摄，播放给观众看。这就是“请早点来”。

刘在锡好像是到得早了。设置好时钟后，就开始讲现在要拍摄的内容。

“我们要把大家真实的样子展示给观众看，今天就要让观众看看大家录影之前是什么样，希望大家能早点来！”

约定的时间是上午十点。亨敦先来了。看到摄像机已经开始工作，亨敦吓了一跳。听在锡说了这样做的意图后很高兴，还兴致勃勃地猜测下一个来的人会是谁。在锡对于自己早到的事儿非常开心，咋咋呼呼地说个不停。真的是不停地说，让人不禁想起，表英浩说的“在锡他不停地叨叨”是不是就是这样的。甚至说到了某个瞬间突然降临的幸运什么的话题。其间亨敦忍不住吃鸡蛋的样子也被原封不动地播了出来。

在锡：我们做的是实境节目。

亨敦：不是大部分艺人的车都是迷彩车吗？

在锡：那是庆典车吧。

十点二十三分，洪哲到了，对眼前的情况感到很冤枉。

洪哲：我上周来得很早啊，可是观众们看到的却只有我今天迟到的样子。

在锡：观众希望我们能认真做节目，你来这么晚怎么能行？找时间好好反省反省吧。

第四个到的是浚河。在锡兴奋地对浚河慌慌张张的样子进行了实况解说。明秀是十点四十分的时候到的，他一到现场就感觉眼前的状况不太妙，愣了一下。赶紧先向观众们道歉解释自己迟到的理由，可是却被告知前面的人已经用过了，明秀只有长叹一口气。

在锡学着明秀的样子叹了口气，然后哈哈大笑起来。

十点四十九分，哈哈到了。等到在锡说以后还要不定时点名时，大家七嘴八舌地抗议起来。

“不是，哪有这样的节目啊？”

实境综艺就是这样在横冲直撞中开始了进步。

在我们这样的编剧看来，《无限挑战》是个很难做的节目，因为每周都是特辑。一般在构思娱乐节目的时候，都是编导和编剧在一起开个会，就能确定最终目标和节目框架了。

所谓“框架”就是节目的固定套路。比如说，说到“欺骗明星的框架”，那就是《隐藏摄像机》；说到每周到部队去巡演，每期邀请一位兵妈妈的框架，那就是《友情舞台》。

要往固定框架里套，节目制作才能顺畅。如果框架没问题，只要每周更换不同的艺人就可以了。问题是，创作这种框架实在不容易。再怎么揪着头发冥思苦想，只要框架没出来，制作组的人就都是一副嘟嘟囔囔、疯疯癫癫的样子。

但是，这家伙的《无限挑战》根本就没有固定框架。邀请知名体育明星来玩儿也就算了，这还可以用“世界杯特辑当然得踢足球”来解释。可是突然重返小学时光是怎么回事？既不玩儿，也不去郊游，也不突然冲进演出人员的家里，而是要一起做泡菜！这群舞蹈白痴甚至还扮作超模的样子到T台上走秀。

非要做的话，他们甚至还能拿出下面这样的创意来。2007年1月6日，正值新年，这群人跑到了浴池去搓泥！更令人惊讶的是，这种节目还真就播出来了！

连看到李英爱之后兴奋异常的样子也能拍成节目。可以说，完全就是我们身边随处可见的亲切的哥哥们、叔叔们的样子。

他们曾经被女笑星金美珍模仿的李英爱骗过两次。所以，当刘在锡真的和李英爱一起拍CF时，他赶紧打电话让组员们快来围观。那副模样，也就只会发生在《无限挑战》的成员们身上了。

刘在锡在休息室挨个儿给每位队友打电话的场景，打了十分钟还不觉得烦，一直忍不住在笑。

刘在锡在电话里说：“我现在过来和李英爱一起拍CF，跟她说好了，你们快到Little Angels会馆来吧！”对于这话，队员们的反应各不相同：

明秀：全智贤在的话再喊我吧！

亨敦：哥你说你和李英爱在一起？我现在和宋慧乔在一起呢！

浚河：这是《隐藏摄像机》吧！

哈哈：（只顾着笑）哈哈哈哈哈哈……

洪哲：哎哟！真的吗，哥？

就这样，《无限挑战》用多种多样的方式，将丰富多彩的实境节目以新鲜的姿态呈现在大家面前。《无限挑战》开创了此前很多电视人都想过的实景综艺。

《无限挑战》还有另一项创新，那就是字幕！是真打。娱乐节目算是字幕用得比较多的。主要用来重复演出人员说过的话，概括场景，或者简要地将信息整理出来给观众。可以说，完全是出于功能性的考虑。而《无限挑战》却在字幕中融入了情感。

没有人会在看电视的时候一言不发，尤其是对于个性鲜明的艺人们的表现，观众们往往会产生各种各样的想法，发表各种各样的看法。《无限挑战》果断地使用了字幕，以此来表明自己总是站在观众立场上思考的做法。字幕的出现引起了很大的反响。甚至有人称之为“第七人”。

举个例子来说，当在锡因为见到了李英爱而大呼小叫激动不已内心颤抖，一直念叨着“真是和我们不一样”“很不一样”的时候，屏幕上就会出现这样的字幕：

“还有人和你们一样吗？”

现在的综艺节目，甚至《VJ特工队》《PD手册》《SBS特辑》等纪录片中加字幕当然是习以为常的事，如果没有字幕的话反倒好像缺点什么似的，感觉很无趣。

可是在我刚刚一脚迈进电视台，在1992年的MBC《PD手册》节目组做资料收集那会儿，电视节目基本上是没有字幕的。有字幕的话，也仅是对被采访者的名字和职位、特定场合的简单介绍。

1993年我在娱乐局做《星期天晚上》的《TV人生剧场》和《天堂电影院》的时候也还没有字幕。日本的节目字幕是非常多的。我第一次看日本节目的时候，还因为字幕太多而大吃一惊。不由得想到，“原来节目还可以这么做”。我很好奇，为什么日本的电视节目字幕多？

日本是世界性的“Manga”王国。Manga是漫画的日语发音，表示漫画书、出版的漫画的意思。在漫画书里，会根据插画、台词和情景配以很多字幕。日本的大众文化就是建立在漫画的基础之上的，所以电视节目又怎么会不依样配很多字幕呢！对于我的好奇，我记得大家是这么回答的。

可是，那时我国的娱乐节目基本上在跟风日本。虽然现在日本娱乐节目已经没什么值得我们借鉴，反倒是我们做得更好一些。但是在20世纪90年代，情况却并非如此。

说到这儿，米店老板金永熙编导要出场了。他是最先在我国电

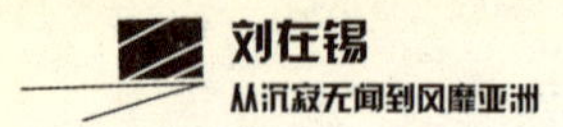

视节目中引入现今这种形式的字幕的人。那是在1995年，李洪烈、金勇万、朴美善主持的节目《TV乐园》。当时我基本上每天都能看见他们在旁边的会议室开会，所以印象很深刻。只不过，也许是因为第一次打上字幕，过于热情洋溢了，《TV乐园》把所有台词原样做成了字幕，结果被评价“字幕过剩”。就这样，我国的电视节目开始积极地使用字幕。不过十年后，《无限挑战》又掀起了字幕革命。

凭借《两天一夜》跻身明星编导的罗暎锡编导曾经说过好节目应该是怎么做出来的——新颖、趣味、意义。首先要新颖。当然了，普天之下，再无新事，只不过是换种眼光看事物而已。

《我是歌手》就很新颖。只有我知道金范洙、林在范和朴正贤是实力唱将，这未免太可惜了，所以想把他们介绍给全国的观众。如果只是搭建一个舞台去介绍他们的话，看起来不太新颖。于是在《我是歌手》这个框架外又添加了淘汰机制，就此让全国观众沉浸到了音乐之中。在这里，笑星们的加盟既增添了节目的趣味性，又赋予了节目在歌声中谈感动和趣味的意义。这就是好节目。

《无限挑战》就是这样的。它重新定义了“实境”，赋予了“字幕”新的视角，玩得很开心。从某一时间点开始，又有了不同的意义。《无限挑战》不再仅仅是个普通的娱乐节目，它成了“国民娱乐节目”。刘在锡也跟着水涨船高，终于晋身国民MC。

2008年6月，SBS雄心勃勃地推出了周日实境综艺节目《家族的诞生》。个人认为这是个很令人惋惜的节目。当时MBC有《星期天晚上》的《我们结婚了》，KBS有《快乐星期天》的《两天一夜》，二者都摆出了猛烈攻势。SBS的周日娱乐正不可避免处于下风。在此种形势下，SBS决定祭出国民MC这张娱乐王牌，以图翻盘。这就是《家族的诞生》的由来。

刘在锡和李孝利、尹钟信、朴艺珍、大成，外加嘉宾李天熙展示了绝佳的团队合作。接到刘在锡的电话后，参演人员来到一个乡间小院前集合。在拜望并与主人家的老爷爷和老奶奶道别过后，他们将在接下来的两天一夜中替主人看家，其间还要完成老爷爷、老奶奶托付的任务，一起做游戏，还需自己打理一日三餐。真是一场横冲直撞的旅行。

可能是因为所有人都戮力同心，也可能是因为真的乐在其中，《家族的诞生》一播出立刻就一跃成了周日晚上的强者。真不愧是刘在锡。

然而，不知是不是运气不好，这样那样的意外层出不穷，《家族的诞生》渐渐开始颓落。台本公开事件、李孝利骂人非议、大成的交通事故，紧接着又出了钓鱼伪造疑团事件。人们投向《家族的诞生》的眼光越来越不善。最终，《家族的诞生》没能做满两年就让位于第二季，而第二季还没到六个月就落下了帷幕。

在影响了《家族的诞生》命运的诸多事件中，我对台本争议印象特别深刻。韩国电视编剧协会有本月刊《电视文艺》，是本很有水准的杂志。杂志上有个版块，专供编剧们公开发表自己执笔的节目台本的部分内容。在《电视文艺》12月刊中，《家族的诞生》的编剧公开了第三期的部分台本。

这个版块只刊印大家都知道、都想了解的节目的台本。也就是说，当时《家族的诞生》人气相当之高。不用说，我也经常看。想着“嗯……原来设计的是这种氛围、这种情景啊”，对该编剧很是羡慕。但是，不知道是哪位记者看过之后，公开发表了一些评论。只看当时那些新闻的题目：

《家族的诞生》的细致台本告诉我们

《家族的诞生》台本公开，观众议论纷纷……究竟多周密

《家族的诞生》，不是实境

《家族的诞生》台本公开纷争，不是实境

《家族的诞生》设定纷争，实境伪装秀

《家族的诞生》台本争议，观众气结

事件波及范围越来越大。身为一个电视编剧，看到这么多人存在误解，我不禁觉得嘴痒。不对，是手痒。于是不管是在什么地方，都要说说我想说的、我所知道的和我的见解。这里介绍一下当时我在《oh，my news》上发表的文章。

你真以为“实境”是什么都不准备直接拍吗？

[观点] 站在“电视编剧”的立场上看《家族的诞生》台本公开纷争

我并不是SBS《星期天真好》栏目下《家族的诞生》的责任编剧，所以并没有认为我有责任写点什么。之前也只是津津有味地旁观此次纷乱而已。实际上，我从没想过事情会被报道成这样，会在网友们之间传成这样（《家族的诞生》台本公开后，大家议论纷纷，说“至今为止并不是实境演出，大部分内容在台本上都有”）。

本次《家族的诞生》台本会被公开，不是有什么保密文件被某人曝光，从而引起轩然大波，纷争扩大……韩国电视编剧协会办了一本每月刊发一期的杂志叫《电视文艺》。这本杂志有个专栏叫《回放——这剧本》，专门用于公开已完结的连载作品或正在热播的话题节目的剧本。去年12月刊的主题是近来的实境娱乐节目新晋强者、SBS的节目《家族的诞生》，仅此而已。

可是，不知道是什么人将其写成了报道，使得人们议论纷纷，“上当了”“居然还可以这样”，还在网友中间引发了争议。我也是几天前看到了网上弹出的实时热点“《家族的诞生》台本风波”，才知道事态已经发展成了这样。

看过了整件事的发展过程，我能想到的只有“不是，难道之前大家真的认为根本没有台本吗”“我们的观众们真的这么天真吗”。然而，当争议不断升级，制作组发表声明解释原委时，却被反驳“无须再做辩解，重点是非实境使人失望”。看到这样的报道，作为一个电视编剧，我觉得自己不能再袖手旁观。

《家族的诞生》之所以会火，并不因为它是“实境”，而是因为它“有意思”。刚开播的时候，《家族的诞生》需要PK的竞争对手有MBC《星期天晚上》的《我们结婚了》和KBS《快乐星期天》的《两天一夜》。首先，要攻克《我们结婚了》的坚固堡垒实在不是个简单的工程。因为虽然《我们结婚了》用的也是假想框架，但节目中的男女明星扮成夫妇生活在一起，看起来实在是太过真实，而这种真实又带来了极高的收视率。

实际上，《家族的诞生》的首播收视率根本拿不出手。节目内容既粗疏又有点幼稚，最大的盲区是节目有些抄袭《两天一夜》的嫌疑。但是，《家族的诞生》坚持走自己的路并未动摇，最重要的是SBS的耐心等待。众所周知，那时的SBS可是周日晚上综艺三国中最需要守卫领土的一个。

一度号令天下的《两天一夜》只得退居二位。曾经虎视眈眈盯着全国霸主地位，持续给全韩国善男善女们提供谈资的《我们结婚了》也被迫开始卧薪尝胆。

那么，《家族的诞生》如此受观众喜爱的原因究竟是什么呢？短短几个月内就能从边疆杀入中原号令群雄，凭的又是什么力量呢？难道就因为是所谓的连台本都没有的实境拍摄就如此受欢迎吗？

我不这么认为。《家族的诞生》广受观众喜爱的原因在于，李孝利、刘在锡、金首露等明星在节目中毫不做作地展露自己的真实性格，以及他们不加限制地快乐生活的姿态，是这些吸引了观众的高度关注。总而言之，是因为这个节目比《我们结婚了》《两天一夜》都有趣。

真以为什么都没有直接拍吗？

《my dairy》曾经报道过，在《家族的诞生》第3期剧本中，事无巨细地写了包括队员之间的对话和细微的反应等细节。认为这动摇了号称实境综艺节目的《家族的诞生》的基石，使广大观众觉得自己遭受了背叛，因而导致观众的不满持续加深。针对这点，制作组解释说，《家族的诞生》的台本与制定了完整计划的电视剧剧本完全不同，只不过是为刚开始彼此根本不熟悉的参演人员提供的一些引导性文字而已。

果然如此吗？观众真的觉得自己遭到了背叛吗？实境综艺中所说的“实境”究竟是指什么？我们在日常聊天中常常说到的“哎！是真的吗”里提及的“真的”又是指什么呢？我真的很想问问。我很好奇，究竟有多少观众真的认为《家族的诞生》这个节目真的是个什么都不准备就把参演人员聚在一起、什么都不准备就开工、什么都不准备就做游戏、什么都不准备就能做饭的节目。

因为我的职业是电视编剧，所以我身边很多不从事电视行业的人会问我很多问题，其中排名第一的就是：“昨天看了什么什么节目，那些人说的话是台本上写好的吗？还是真是他们自己说的？”

每次被问到这个问题，我都会装作一副知道了什么了不起的机密的样子这么回答：“起码的台本肯定是有的。所以说，只看艺人会不会在台本上给自己加戏，加得好不好，就知道这是不是个好艺人了。”

大家听后的反应可以分成两派：一派是“看吧，我就知道有台本”，另一派是“那个艺人的爆发力好强啊”。

重要的是，策划得露不露痕迹。

我父亲还在世的时候，每当母亲看电视流泪时他总会说：“哭什么呀，那都是编的。”是的，电视剧当然是编出来的。问题是，标榜实境的娱乐节目难道真的可以一点都不编吗？只是编的程度不同罢了。电视节目都是编出来的，也只能是编的。

重点不在于是否有编造，而在于编造得露不露痕迹。痕迹外露的节目就会被批评粗糙业余，不露痕迹的节目就会被称赞做得好，有意思，收获掌声。

从这点上看，我认为本次《家族的诞生》台本公开风波的核心在于，观众们在为自己对《家族的诞生》的喜爱产生了一丝动摇而感到不安——《家族的诞生》实在太自然，自然到观众非常想相信这个节目根本不存在编造的成分。观众们就是如此地喜爱《家族的诞生》。

希望不会再出现诸如“策划过的实境综艺里没有真实”这样的新闻。能否策划出有意思的情节，聚起风格各异的参演人员，唤起观众的共鸣，能多大程度地实地诱发扣人心弦的故事，这才是“实境”的真正内涵所在。

我的文章荣登《oh，my news》头版头条。实时点击量超过了30万人次，可以说是我这辈子被骂得最多的一次。这件事让我再次体会到了做娱乐可真不是件容易的事。

20世纪90年代娱乐节目的拍摄现场都有提词员，工作人员用签字笔和大号字体在整张的大纸上写好台词，提词员就举着这样的全开纸站在MC所在的舞台边上。在不被观众察觉的前提下看提词员也是MC能力中的一项。

近来，编剧们在娱乐节目中用得最多的文具就是素描本和签字笔。以前录影的时候是可以暂停之后接着再拍的，但是，像现在这样多台摄像机齐开，重视实拍和自然效果的时代，大家都在尽可能地避免拍摄中断，都是编剧们把提示和台词写在素描本上给演出人员看。

2007年，我曾短暂地做过《美味大对决》。拍摄的时候不仅编剧们手里拿着素描本，连舞台导演都一直拎着自己专用的素描本，随时用签字笔写上提示给MC柳时元和播音员江秀晶看。至今为止，我再也没见过还有哪个人能像他那样把在素描本上写字拿给别人看的动作做得那么潇洒。只要一有什么需要告诉MC的事情，他就翻开素描本，抓起签字笔嗖嗖嗖地一挥而就，然后用右手成四十五度角举起素描本，有礼有节地给MC看，又有趣又帅气。

《两天一夜》《无限挑战》以及《RUNNING MAN》当然是有台本的。有设计图才能执行，难道不是吗？拍摄前台本上已经把所有的东西都计算好，参演人员的台词已经全部都写好——如果真有能写出这样的台本的编剧，那这个编剧绝对称得上神编剧。在围棋界，高手们往往能走一步看十步甚至二十步。但在娱乐界，想预估一步都很难。

有种说法认为节目的主要受众和收视率是成正比的。针对十几岁观众的节目收视率能达到10%；针对二十几岁观众的节目收视率能达到20%；三十几岁观众狂热喜爱的节目收视率能达到30%；如果是四十几岁的观众爱看，那收视率能达到40%；如果能令五十几岁的观众看得入迷的话，收视率能突破50%，上升到国民节目的境界。你问如果六十几岁的观众喜欢的话收视率是不是就冲进60%了？那已经过了迷电视的年纪了。

不知道这个公式现在是不是还套得上？但可以肯定的是，如果节目想冠上“国民”的字眼，那么只有四五十岁的家庭主妇爱看是不行的。因为她们本来就是贡献很多收视率的主力观众，只有能让叔叔伯伯们都坐到电视机前看节目，才是能冠上“国民”称谓的节目。电视剧的话要达到《许俊》和《善德女王》的程度，娱乐节目的话得做到《两天一夜》那样。

不过，奇妙的是，如果孩子们喜欢，那么即使达不到国民节目的高度，最少也能成为话题节目。如果连小学生们都爱看的话，节目就算成功了。

有种我小时候夏天常拿着玩儿的玩具，之前已经有很长时间都看不到了，最近又流行起来。

虽然还没真正到夏天，却已有不少小孩儿拎着它满小区地跑了。水枪！火了整个夏天的，就是水枪。这就是《RUNNING MAN》的力量。

2010年夏天，离开了《家族的诞生》的刘在锡再度回归SBS周日晚间时段的消息传得如火如荼。在MBC的《星期天晚上》，《热血兄弟》经过长期努力，正打算热热烈烈地放把火，觉得力道已经够了。刘在锡却在这时携着大家听都没听过、见都没见过的新型节目《RUNNING MAN》回来报仇了。据说从3月份开始就已经投入拍摄，米店老板金永熙编导也很为之忧心。

终于，在2010年7月11日，在众人瞩目中，SBS《星期天真好》的全新节目《RUNNING MAN》公开亮相了。节目中，队员们喊着口号“不要走，跑起来”，在别人都下班之后走进空建筑、展馆、商场、博物馆等地标性建筑，通过游戏环节赢得Running Ball，输了的人要在第二天早晨人们上班的时间被施与“丢脸的惩罚”。

我也看了第一期，确实非常新颖。所有人都下班之后，参加演出的艺人走进偌大的大厦里，随处可见的门全都上了锁，卷帘门都放了下来，形成了一个密闭的空间，这种设置很有意思。不过也仅止于此了。

《RUNNING MAN》，就像节目名称所说的，就只是跑。像宋仲基本身长得帅还好点，而Gary、李光洙和宋智孝就让人怀疑他们到底能不能扮演好自己的角色。金钟国、池锡辰和哈哈是旧面孔了。可以说，尚可一信的也就只有刘在锡而已。然而，根本看不到刘在锡！

不管朴智星再怎么飞奔，梅西再怎么在最前线排兵布阵，也会有在某场比赛里显不出他们身影的时候。《RUNNING MAN》第一期就是这种比赛。尽管选手们在带着球表演绚丽的个人技巧，尽管大家想给位于最前线的前锋刘在锡来个致命传球或者横传，可是刘在锡根本无法接到。他们和刘在锡对接不上，所以，想显出刘在锡却显不出来。

对于在一起玩儿游戏的节目早已驾轻就熟的刘在锡，却偏偏无法在《RUNNING MAN》中发挥出能力。到底是什么原因？

第一期、第二期、第三期，已经做了三期了，却还是难以带来多少乐趣。收视率跌到谷底，媒体和舆论也不约而同地开始做出悲观的预测。

《RUNNING MAN》，体现不出独特性的周日午后狂奔

《RUNNING MAN》，议论纷纷……新鲜 VS 散漫

刘在锡都无能为力吗？《RUNNING MAN》跌破个位数

刘在锡也难免，SBS《RUNNING MAN》收视率跌破个位数

《RUNNING MAN》，刘在锡的滑铁卢

然而，刘在锡是谁啊！他是顶着无数的失败和别再抄袭模仿的指责还能不声不响排除万难的刘在锡！就说刚过去没多久的2005年《无谋挑战》吧，经过了无厘头的开始和硬着头皮的坚持，才有了如今伟大的《无限挑战》。他是刚刚经历过这一切的刘在锡！

问题是SBS愿不愿意给《RUNNING MAN》一些时间？结果SBS给了！于是SBS收获了硕果。所以说，幸运从来就是给有耐心的人准备的。

《RUNNING MAN》历经了几次改进，终于成就了如今周日晚间时段岿然屹立的强者。即便是在《我是歌手》让我和整个韩国都陷入音乐中不能自拔的时候，我太太也基本上只坚守在《RUNNING MAN》的阵地上。也就是林在范张大双眼唱起《空杯》和《EVERYBODY》的时候会看一眼《我是歌手》，其他时间都在看着《RUNNING MAN》哧哧地笑。

想知道最近什么电视节目有意思，看看我太太在看什么就知道了，基本上从来没出过错。她总能凭着小动物般的直觉搜到有意思的节目，准得不得了。顺便说一下，我太太是1972年出生的人，徐

太志那辈的。

不可否认，在推动《RUNNING MAN》猛然崛起这件事上刘在锡功不可没。但站在编剧的角度来看时，我很想对制作团队报以最热烈的掌声。

《无限挑战》《两天一夜》《男人的资格》等，大多数实境综艺节目都是可着一天拍出足够做两期的分量，也就是能播两周的内容。这里既有这些节目的故事足以支撑两周的播放量的原因，也有制作团队太辛苦的原因。如果每周都要准备大型节目的话，编剧们一定会心力交瘁。而还得操心剪辑的编导们，简直要丢掉半条命。

理所当然，最开始的时候《RUNNING MAN》也是这么做的。可是，从某天开始，制作组好像疯魔了，居然开始把全天拍的内容都放进一期节目里。一个月录两次就已经要累死人了，他们居然调整制度改成了一个月录四次。想必已经做好了随时进棺材的准备。

生即是死，死即是生。望生却赴死，欲死却逢生。他们抱着赴死的觉悟拼尽全力，最终绝处逢生，他们造就了一个充满乐趣的游戏乐园。如果说闯进去寻找七龙珠的战士们最后都进化成了超人，那么一个个拿到了Running Ball的艺人们就是能人，进化成了刘鲁斯威利斯、ACE智孝、哈roro、光凡达、Gary先生、王鼻子大哥。

虽然没能亲自去确认，但听说《RUNNING MAN》拍摄现场一共用到了五六十台摄像机，其中包括CC摄像机和外号“帐篷”（5DMark与韩语“帐篷”的发音相似）的像素超高的摄像机。

几年前，我曾策划过一档名为《明星通缉令》的节目。这个策划在融合了英国某节目、之前的《游击演唱会》，以及欧洲某富翁举办过的寻宝项目等多种思路和元素的基础上又做了些改进。

制作组在弘大附近的乐天世界等特定地点到处张贴悬赏通缉明星的传单，主题是让参加游戏的普通市民们在规定时间内找出明星嘉宾。参与游戏的明星随意使用变装和伪装等手段，只要能逃跑，而玩家则要找到他们。

从结局开讲的话，这个策划实在难以为继，只得草草收场。但当时有两个最让我头疼的问题，正是摄像机穿帮和移动路线。怎么才能在拍摄过程中避免使明星因为摄像机而被市民和玩家发现？要给数十位玩家每个人都配一台专属摄像机，制作经费的问题也很令人担忧。就因为这个，我也要对遭遇了很多难题又将其一一化解、一直在进步的《RUNNING MAN》制作团队致敬。

看《RUNNING MAN》，会让人想起小时候和朋友们在小区里疯玩儿的情景来。一群成年人拎着水枪无比认真地在小区里打埋伏，那样子让人莫名地悸动。我也不禁想马上手持水枪冲出去和朋友们一起玩一玩了。小区胡同里的某个大门前站着手持水枪埋伏的敌人刘在锡，小区居民们看起来既好奇又感兴趣，在锡却害羞得不知如何是好。

“对不起！居然把水枪拿到小区里来了……对不起！不过，大家是不是有点太认真了？”

2012年6月，也就是现在，刘在锡一展所长的舞台有四处——《Happy Together》《来玩吧》《无限挑战》和《RUNNING MAN》。非要细分的话，秀口才的有两处，凭身手的有两处。《来玩吧》是由某个特定选题集结起来的嘉宾组合。《Happy Together》是由笑星们主导的谈话的盛宴。《无限挑战》是让人讨厌不起来的七个小矮人的成长小说。

那么最近才开始的《RUNNING MAN》呢？我觉得像是在建造游乐园。前面说过初期的《RUNNING MAN》里看不到刘在锡，也许刘在锡在《RUNNING MAN》里的计划就是让大家知道，即使看不到刘在锡，节目也能很有意思？

我要免费赠送给SBS一个具有可行性的商业创意——可以建一个超越爱宝乐园的主题乐园，名字就叫“RUNNING MAN主题乐园”！这是个实境游戏型主题乐园，无论是同班同学们，整个年级的学生们，还是小区邻居们，只要来到这个主题乐园，都可以撕掉彼此的名签，提起水枪互相扫射玩耍。如果还提供由安装在乐园各处的摄像机拍摄的DVD的话，没准儿门票可以比爱宝乐园还贵呢？还有无数的周边商品可以开发，比如《RUNNING MAN》参演艺人的照片、角色人偶、水枪，还有T恤等。

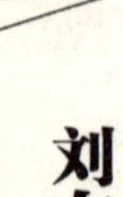

就像前面所言，回顾刘在锡的过去二十年，就能知道一个人身上究竟可以产生多么大的变化。曾经在什么都没有的无名新人时期那样气焰嚣张、自信满满甚至目中无人的人，成了明星之后反而变得谦逊起来，待到跻身国民艺人行列时，更是越发懂得关照他人、放低自己的姿态。这实在不能不说是件让人很无语的事儿。

怎么会发生这种事呢？还是之前说过的，正如从他还是新人的时候就在一旁看着他的喜剧作家的话那样，“我所认识的无名刘在锡和知名刘在锡根本是完全不同的两个人”。

2010年1月2日播出的《无限挑战》中，制作组把所有的队员都弄哭了。制作组点名让队员一个个走进礼堂，进去一看才发现，礼堂里居然会集了每个人的粉丝，就像个另类的突击粉丝见面会。在刘在锡的粉丝见面会上，刘在锡把自己之所以能改变的另类商业秘密暴露在了光天化日之下。

“我从很早之前就开始经常祈祷。遇到节目做得很糟糕的时候，无论做什么都事与愿违的时候，我都会非常虔诚地祈祷。真的，只要给我一次机会就可以。只要在笑星的路上给我一次机会，等我日后实现愿望的时候，如果我变得和现在不一样，如果我丢失了初心，如果我认为这一切都是我自己得到的，哪怕只这么想一次，那么那时候即便要我承受世间最大的痛苦，我也不会埋怨一句‘为什么要对我如此残忍？’”

是的，就是祈祷。这里说的祈祷不是基督教所说的那种狭义概念的祈祷。刘在锡自己曾说过，他祈祷的对象是佛祖。是谁都好，只要把自己的愿望和决心说出来就好。但是，不能只说一次，要反复地说。既然说了，那么无限重复就更好了。是的，要说出来！

在2011年“西海岸高速公路歌会”篇中，刘在锡和李笛结成的二人组合下垂的蜗牛唱了一首歌，叫《言之命至》。在这首歌中，充分地体现了说出来的重要性。

《言之命至》

在我二十岁的时候，艰难地度过每天

每当不安地躺在床上时

担心着明天做什么明天做什么

即使紧闭双眼也无法入睡

每次郁闷到心都疼痛时

我为什么不行为什么我不行应该成功的……

言之命至言之命至

不曾相信会成功，无法相信……

像决心那样像思考那样

会成功的话就像谎言一样摇摇头

后来有一天虽然渺小但震惊的觉悟奔向了我的心

明天做什么明天做什么应该实现梦想……

事实上没有一次疯狂地奔跑

言之命至言之命至会成功的……

亲眼所见的那一瞬间应该会相信的吧

像决心那样像思考那样

当知道会成功的那瞬间点点头

像决心那样像思考那样

言之命至会成功的……

无法知道当时也不知道
现在无法倒退也无法前进

曾艰难的我的岁月我的二十岁
不要停止不要跌倒
向着我的路勇往直前
周围人所说的故事
真应该倾听一次
我心中小小的故事
现在就在我心中言之命至

言之命至言之命至
所说着会成功所说着会成功
如果你相信的话
像决心那样（就像我的决心那样）
像思考那样（像你所思考的那样）
挑战是无限的
人生是永恒的

言之命至

当然，并不是只要祈祷、只要说出来，就谁都能成为刘在锡的。还需要努力，需要刻骨铭心的努力。最重要的是自我管理，切实地管理好自己。

登上明星的行列后，刘在锡有几件事基本不做。第一件，不到别人的节目里客串嘉宾（像朴明秀或丁善姬这样缘分匪浅的人除外）。第二件，基本不接受媒体采访。第三件，请先找出下列艺人的共同点吧，姜虎东、哈哈、郑亨敦、朴明秀、白智英、郑俊河……——都在搞副业或者做生意。艺人这种非终身职业总是给人以不稳定的感觉。所以，趁着能赚钱的时候，即便挨点骂也得多赚点。因为不知道什么时候会变成什么样子，所以能做生意就做生意，这才是正理。

刘在锡却不是这样，他只做自己的本职工作——电视。如果有人看到或者知道刘在锡除了电视之外还有别的工作，请一定联系我。没准儿我的反应会是这样："是吗啊——啊——啊——？"

最近，下垂的蜗牛发布了他们的第二首歌——《屋角小混混》。可以看作是承续上一首歌《狎鸥亭小混混》的小混混系列之二。刘在锡为什么这么喜欢小混混呢？现在还只出了两首，也只能说是喜欢。如果以后真出了之三，比如说《自由的小混混》的话，就可以问问刘在锡"为什么如此执着于小混混"了。

有传言说以前刘在锡总是流连于舞厅，他和同期出道的艺人也经常在电视上讲以前在舞厅大出风头的故事。由此来看，刘在锡以前确实很喜欢舞厅。至于喜欢游戏，那是天生的。没出名的时候，他没有可以玩的地方，所以在只要交钱就能进的游乐场所里选择了舞厅。在做电视节目的过程中，他也一直坚持不懈地尝试游戏，终于创造了《无限挑战》这个最棒的游戏天堂。

从做笑星开始着手，又将舞蹈、体育和时尚的标签一一贴到自己身上。他难道不正是在稳扎稳打地一步步向着将自己最终打造成万能艺人、终极游戏大神的目标迈进吗？我认为，这正是刘在锡的力量。

如果说有一点担心的话，那就是今年下半年即将让整个韩国沸腾起来的大选。届时，如果发生政治家们都拿刘在锡的领导力说事儿、都把他划到自己阵营的搞笑状况，那也只能是没办法的事了。但是我还是希望刘在锡能够像他一直以来所做的那样，专心致志沉浸在玩的事业中。如果他把注意力放到做个“玩得地道的政治家，优待玩家的政治家”上，那就未免画蛇添足了。

第二部

娱乐守则
刘在锡的7个习惯

Running man

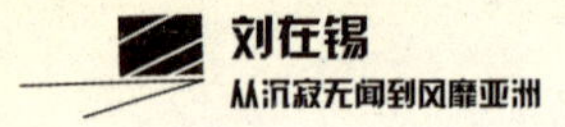

无数人注视着刘在锡，他会不会被这些眼光刺得脸上火辣辣呢？笑星崔孝宗每晚入睡前都要想30分钟刘在锡，“他是怎么成功的呢？他是怎么成功的呢？”不知是否源于此，众所皆知，崔孝宗成功了。

2008年，我曾做过Sy频道的一档节目《障碍脱口秀，保卫1000万》，主持人是金九拉、俞世润和松雨。节目给嘉宾的通告费预算高达1000万韩币。拍摄时，节目组会真的从银行取出1000万纸币放在摄影棚一隅。若问真的都给嘉宾吗？嘉宾又不是刘在锡，如果毫不设障轻松就给出1000万的话，做不了几期制作公司就得关门了。当然要设置一些障碍了，我们设置了“禁忌语”——在谈话过程中嘉宾绝对不可以使用的词语。每当嘉宾说到那个词，节目组就会从1000万的纸币堆里抽走50万。

那怎么才能知道哪些词可以作为禁忌语提前设置呢？每期节目嘉宾确定之后，节目组就会以提前采访的名义与嘉宾见面，在一到两个小时的时间里尽可能多地聊天。主要由编剧们提出问题，尽可能多地诱导嘉宾说话。这个过程会被录下来，以便从中挑出嘉宾平时有哪些最常用的字眼和口头禅。

每个人都有几个平时最常用的词或短语。例如“比如说”“那个”“尽管如此”“好像是”等，或者在嘉宾从事的职业中常用的“搞笑”“歌曲”等。

事先设定好3～5个禁忌语，节目开始后宣布“今日禁忌语”。使嘉宾怀着紧张的心情聊天。虽然嘉宾会特别注意，但还是会在不知不觉间中招。就在禁忌语脱口而出那一瞬间，在“嗖”的音效里，舞台上会喷出CO_2（干冰，娱乐节目中常用的白色气体），等在一旁的笑星会用铲子铲走50万韩币。铲钱的那个笑星就是崔孝宗。此时想来，崔孝宗铲得可真准，铲钱的时候从不含糊。

崔孝宗一直在思考刘在锡。之后，他在KBS《笑星演唱会》的热门节目《NO.1》，也就是《男性人权保障委员会》中也有十分卖力的表现。与朴成浩和黄贤喜一起名列三甲，这是不是更进一步的成功呢?

接着，他终于凭借经典台词“各位朋友，你幸福吗? 我是幸福传教士崔孝宗”一击即中，博得了观众的青睐。在之后，正如大家都知道的，他被封为“爱情男”，毫不含糊地彻底火了。崔孝宗是2007年进台的KBS第二十七届笑星。仅仅过了四年，就跻身全国家喻户晓的笑星行列，他的成功毋庸置疑。

朴明秀也有比刘在锡更出名的时候。1993年朴明秀以笑星的身份进MBC的时候，正是KBS笑星刘在锡承受着不出名的痛苦悲哀的时候。当时，笑星们都在“夜店”走穴，一方面赚点钱，一方面借此锻炼娱乐感。在某个夜店里，朴明秀在自己当班的时段把场子炒得火热，接着出场的就是刘在锡。刘在锡十分卖力地在D-BOX炒气氛，先他一个时段的朴明秀却并没有走，而是在一旁观察。没观察多久，刚看了一会儿，朴明秀就扬起了得意扬扬的笑容，调转了脚步。确定了那家伙根本不是自己的对手之后，朴明秀迈起了轻快的步伐。

二人之间地位的逆转是从2000年左右开始的。不知从何时起，刘在锡已经站在比自己更高的位置了。如果换了其他笑星的话，可能就会选择避开锋芒或者转向其他领域了。朴明秀却欣然接受了第二人的位置，屈居下位。朴明秀做的事只有两件，观察和呵斥。

刘在锡究竟是怎样做电视，才将自己打造成了公认的韩国娱乐第一人呢？他究竟有着怎样的领悟，究竟经历过什么样的历练，才终于成了韩国娱乐的领头羊呢？

在此，我尝试将刘在锡在漫长的蛰伏岁月中体悟到的东西整理出来，并命名为“刘在锡，娱乐守则”。刘在锡给人带来欢笑的方式，并不是简单的背背幽默或搞笑的故事，或者努力发掘个人才艺。

就像若要成为武术高手，则需先扫三年地，做三年饭一样，要想成为刘在锡那样的娱乐高手，首先有几条，必须得刻苦钻研，形成习惯。看到这里，您可能会问什么娱乐守则会是这样的？可是刘在锡让我们看到的娱乐守则就是这样的。这也正是刘在锡有别于其他笑星的地方。

应该有很多人看过史蒂芬·柯维博士的著作《高效能人士的七个习惯》（*The 7 Habits of Highly Effective People*），但我还没有拜读。我想等成功之后对比一下我的习惯是否正确。现在，还是先让我们用刘在锡在娱乐方面的7个习惯筑造坚实的娱乐基础吧。

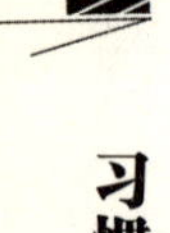

某位21世纪的大学生倾诉烦恼——不知道自己到底喜欢什么；好像有很多喜欢做的事，又好像一个都没有；再加上，一个月之后自己即将入伍，可是从现在开始就已经担心退伍后做点什么好。

法论大师曾言："为什么会认为必须得考虑'我应该做什么'？入伍尚且未成行，为何要早早思虑退伍后的事情？上学的时候，有人经常背着老师在语文课上偷偷学习其他科目，可事实上，语文课上学语文才是最有效率的做法。

进了部队，就去做在部队里应该做的事。胡思乱想是糊涂的做法。退伍的人总是后悔说：'唉，在部队那会儿应该再多做点运动的！'因为在那个时间、那个瞬间、那个地方所能得到的经历是最宝贵的。不论身在何处，都乐在其中，积极生活，这才是最棒的生活。"

这段话是在告诉我们要忠于现在。换句话说，就是要奋力拼搏。是的，应该奋力拼搏，为自己当下应尽的职责全力以赴。刘在锡奋力拼搏了，虽然他总是谦逊地说："除了奋力拼搏之外，我也没什么特别可说的。"但重要的正是奋力拼搏。所以，观众自不必说，制作组也很喜欢他。

电影演员车胜元就曾为刘在锡奋力拼搏的样子所感动，坦言自己因为喜欢他奋力拼搏的态度所以自荐演出。而且还是在2005年8月，那个想想就已经很可怕的某个夏日，《无谋挑战》并不出名的时候。

第17期节目，那天的挑战题目是"将传送带上的200块蜂窝煤一块都不落地搬到板车上"。挑战开始前要先做训练。第一个训练项目是双人对抗赛。看上去就黑压压堆得很高的煤山山腰上埋着一块蜂窝煤，对抗的人要把这块蜂窝煤拔出来放进山顶的火炉里，先插进去的人获胜。

对抗的两个人在明知道不可避免要裹上一身煤的情况下，还要在黑漆漆的煤山上贴身肉搏向上攀爬。虽然是娱乐节目，但面对这种情况，车胜元还是露出了一脸"我为什么要说上这个节目"的表情。

对抗开始了，看着拼命互相撞击身体、打滚又被推搡倒，但还不放弃向上攀爬，展现了无比执着的求胜心的刘在锡和卢洪哲，车胜元蹦出一句：

"成功的话，那两位能拿大钱吗？"

两个人互相抓着对方的脚脖子拼命扯对方的后腿，僵持不下，最后还是车胜元提议平局才结束了决斗。

“这到底是在做什么呀？”

卢洪哲终于甩掉在锡率先爬上了山顶。在把煤球插进炉子之前，他发出各种声音摆出各种姿势，大喊：“儿童运动万岁——”就在那一刹那，不知从哪条缝里爬上来的在锡做出了一件非常不可思议的举动，他趁着洪哲在那喊口号，完全没有防备的时候，一把抢过洪哲手里的煤球插进了炉子里。

第二项训练更难一些。在像监狱一样的铁笼子里摆上炉子。参加比斗的人两人一组，比赛挖地，然后带着煤球钻进铁窗，把煤球装进炉子里。比赛开始两分钟之后开始人工洒雨，增加训练强度，营造出电影《肖申克的救赎》的氛围来。我们这些做电视的人，多忙都是要看看这个节目的。

当金承洙和郑亨敦一组、车胜元和卢洪哲一组展开对抗时，在锡就在一旁大声解说，进行现场直播，炒热现场气氛。不一会儿，轮到在锡进行对抗了，车胜元根本藏不住自己脸上难以置信的表情。

但是，在锡挖得太紧张了，竟然忘了应该带着煤球进铁笼，只带着身体进去了，他得出来然后重新钻进去。车胜元实在看不下去了，提了个歪招——让他们把铁笼子抬起来钻进去。

此时的情况简直可以说是屋漏偏逢连阴雨。一直泼下来的雨水把刚刚挖出来的坑灌成了泥坑。可是，虽然车胜元说要帮他把铁笼抬起来，在锡却拒绝了。

“我们不用歪招，要堂堂正正的！”

然后捏着鼻子把脸埋进了泥水中，最终钻进了铁笼里。车胜元站在一旁亲眼目睹了这一切，笑得前仰后合。

“刚才是身上很累，现在竟然觉得心都有点疼了。”

目睹了这一系列艰难的过程，车胜元提出了一个根本性的问题。

“这么上蹿下跳的，到底是为了谁？为了什么？……”

蹭得一脸黑，全身上下都裹满了煤水，在锡是这么总结的：

“我们正是要尽我们的微薄之力挑战无厘头的事情，把不可能的事变成可能。在这个过程中，把我们的泪水、感动和欢笑传递给各位观众。”

自然而然地吐露了电视中所承载的刘在锡的基本精神。之后，车胜元发了这样的后记：

“节目中所有演出人员都是怀着一片赤诚之心在做节目。和我预想的一样，节目完全没有事先设计的桥段。全体演出阵容都说这个节目是3D节目，我认为不是3D，应该是三颗钻石。在这个节目中做着那些事儿的那几人，他们的心就像宝石一样。”

沈炯来也曾对几近无闻的新人刘在锡说过：“你会成功的，但是得用很长时间，坚持住！”他还曾说过：“刘在锡虽然不搞笑，但他有准备全力以赴的态度。”您可能会反驳说，自己负责的节目，努力去做不是理所应当的吗?

登上主MC的位置以后，刘在锡以嘉宾身份出席其他节目的情况屈指可数。基本上除非是自己以前做过的节目的编导现在负责的其他节目，或者是拗不过朴明秀或丁善姬等人的苦劝，他才会出镜。

那么，做嘉宾的时候，刘在锡究竟有没有认真在做呢？会不会是由于关系才出镜，所以只是表现一下诚意呢？让我们来看看2009年6月19日他和朴明秀一起出演的《柳熙烈素描本》吧。

事实上，严格来讲受邀嘉宾是朴明秀，刘在锡不过是来帮朴明秀助阵的。朴明秀首先出场，唱了自己的歌《傻瓜给傻瓜》。到第二首歌《不要说再见》的时候，他先告诉大家有神秘嘉宾助阵，然后才开始唱歌。这个神秘嘉宾就是刘在锡，观众席上一片混乱。他们奉献了一曲韩国最棒的第一人和第二人的二重唱，一场充满了互相挑衅式微笑的即兴表演。

歌曲结束后，刘在锡开口说的第一句话就是对帮他搬来椅子的舞台导演说的“谢谢”，一坐下又说了句“有点不好意思了”。

朴明秀和刘在锡两个人像说相声一样你一句我一句的，和柳熙烈一起把观众们逗得捧腹大笑。那天的嘉宾里正好有张基河与脸孔们组合，他们现场奉献了一曲帅气的歌舞，正是在《无限挑战》中跳过的“刘在锡和面孔们”。

MC柳熙烈为自己在音乐节目里对国民MC刘在锡提出这样那样的要求感到很抱歉，刘在锡却说了这样的话，让柳熙烈放下心来。

明秀：不知道下次什么时候再来，使劲支使他。

在锡：就得这样。让我散场的时候累得双腿打颤回不了家，狠狠地支使。想得到的都支使。

明秀：他说这话就是下次再也不见的意思。

在锡：您可以尽情使唤。

就这样，刘在锡和朴明秀将《柳熙烈的素描本》变成了欢笑的海洋，竭尽全力做了自己能做到的一切。

之后，他们唱了朴明秀的歌《海的王子》。最近《笑星演唱会》的“勇敢的兄弟们”曾在节目中唱着这首歌向观众们提出各种要求，那搞笑的动作和口号让我不禁想“真不愧是搞笑兄弟组”。

“别起来！别起来！”

令人惊讶的是，这正是三年前，刘在锡和朴明秀在同一个舞台上做过的。

在锡： 请别起来，请坐请坐。大家要是起身的话我们就该不知如何是好了。也别喊安可。

明秀：别起来！坐着！

他们两个卖力地唱歌，尽情地舞蹈，间或还喊两句，一同忙碌。别起来！别起来！

对于自己正在做的事和将要做的事，他比谁都更认真、更努力。正是因为努力，一起做事的人才能有发展，节目才有生存空间。只要努力，就能像刘在锡一样成功。

让我们来大致清点一下现在刘在锡每周要与哪些艺人见面吧。《无限挑战》的六个人；《来玩吧》的固定班底六人和每期特约嘉宾；《Happy Together》的固定班底八人和每期特约嘉宾；《RUNNING MAN》大概有七人。全加起来的话，他每周固定要见面的人超过二十人，新见面的特约嘉宾大概有八人。

虽然每周要与这么多人见面，但是，他却总使人觉得他对与自己一起工作的人了解得相当详细。至少要比一起共事的朴明秀、哈哈和殷志源更加了解特约嘉宾。

按照韩国的算法，刘在锡有四十一岁了，可以叫叔叔了。尽管他是在把艺人当作自己的职业来做，但如果对出镜艺人缺乏基本的关心和功课的话，也不可能会做到这一点。在《RUNNING MAN》中，他一见到代表整个组合出镜的男团BEAST的成员，马上就叫出了他的名字，表现得很亲密。

在2010年2月18日播出的《Happy Together》中，请来了当时刚刚上映的KBS每日连续剧《吹着风的好日子》的主角，演员金素恩、姜志燮和徐孝琳等人。在锡在表示出亲切感的同时与众人聊起了各自的角色，然后这样问姜志燮：

在锡：我大概地看了一点，志燮在里面扮演的是个花花公子啊。

实际上，到这儿为止，大家都有可能想这就是照着编剧提前写好的内容说。但是，接下来的话就会证明事实并非如此。

在锡：我看第一集里你有场掉进汉江的戏。

明秀：不是，你怎么看了那么多电视啊？

在锡：我是每日连续剧的粉丝啊。

明秀：不是，你是电视观察员吗？

在锡：我比较常看每日连续剧。

大家都很惊讶，于是朴明秀证明说：

明秀：他家里摆了三台电视。《中秋60分》什么的他都看，不管是时事节目还是教育节目……

美善：明秀你也看点儿吧。你连自己的节目都不看，所以才一直没有进步……

他在家里摆了三台电视，自己的节目当然要看，除此之外还要考察很多其他的节目。主持人的功课之一就是对嘉宾情报的积累。

2010年6月，金勇俊和黄静茵“夫妇”出席《来玩吧》，在锡事先收集了很多关于金勇俊的消息，很多都用在了搞笑桥段中。就在八个月之前，“夫妇”之间还是SG Wanna Be的勇俊比较出名，现在却是静茵因为出演了连续剧《搞笑一家人》而成了大明星，形式来了个反转。甚至还传出了分手的流言，那段时间弄得勇俊相当郁闷。

在锡：你生日快到了吧，勇俊？

勇俊：（惊讶的表情）是。

在锡：今年勇敢地说出来吧，说你想要……

勇俊：（爆笑）

在锡：静茵今年也有什么想法吗？

勇俊：（吓一大跳，笑）

在锡：今年勇敢地用手指出来吧，那——个。

就这样，刘在锡之所以能做到这样细腻的主持，成为国民MC，都是靠着坚持不懈的观察。

2008年5月，在锡和朴明秀一起参加了TVN《出租车》的录制。他在节目中说：

“刚开始做电视的时候，我的恐惧症非常严重，应该怎么办呢，当时很烦恼。最后，我终于找到一个好方法，就是看很多很多电视节目，边看边摁暂停。

认真看其他MC主持的节目，在MC提出问题之后按下暂停键。然后想，‘如果是我，会怎么回答那个问题呢？’‘怎么做才能让人爆笑呢？’然后按播放键，将嘉宾的实际回答与自己想的回答作对比。

那时候我想出来的回答相当幼稚、不靠谱。但是慢慢地，我心里想的就和嘉宾的回答很接近，于是也有自信了。”

他这是在做接答练习，这意味着那时他已经预测到了娱乐综艺潮流将会朝着什么方向发展。终于，搞笑之神安排他与他命中注定的节目相遇了。1999年，在整个韩国掀起个人才艺热风的节目就是KBS的《徐世源SHOW》和《TALK-BOX》。

1999年7月5日，《东亚日报》上登载了一篇关于凭借《TALK-BOX》而备受瞩目的“大器晚成的新人笑星”刘在锡的报道。刘在锡羞涩地说："为了寻找丰富的素材和事例，利用 PC 通信是最基本的事。还得一个不落地看报纸上的主要新闻。最近，如果用到了从时事素材中提取的故事，观众的反应就会很热情。但是轻快的语言游戏要变成幼稚的玩笑也就只是一瞬间的事儿。"

对于寻找幽默的笑星来说，报纸是很重要的资料。在锡在新闻阅读方面也从不懈怠。2010年7月的某日，在报纸上刊登的照片里，刘在锡手里还拿着报纸，而且还是经济类报纸。对于刘在锡来说，做功课已经成了一种切切实实的习惯。

据某个博主在博客上说，他甚至怀疑刘在锡是不是还在学习"行为心理学"。

在《无限挑战》的"随便说"篇里的中期点名日，吉成俊准备的节目是刘在锡的歌《桑巴的魅力》。吉成俊把歌改成了摇滚风。大部分人的反应都很不错，朴明秀总是看不顺眼，刘在锡抗议为什么把自己的歌改成这样。现场变得闹哄哄，一片嘈杂。

这时，在锡突然对吉成俊发问："可是，这不是这首歌呀？"他为什么突然这么问呢？原来，他看到了刚刚吉成俊在无意识当中做出来的身体动作——摸自己的耳朵。紧接着他又说："为什么会做自我防御性的动作呢，还是调节自己的心理状态比较好（模仿摸耳朵的动作），总这样——"

这是人在心里有什么想做的事情时经常会做出的几个动作之一。虽然不知道博客里的怀疑是否准确，但刘在锡并不是简单地根据表情做推测，而是真的根据自己看到的动作给出意见，做出判断。这令我很吃惊。如果这真的是做过功课才学到的，那就更让我惊讶了。如果以主持为职业的MC真的有学习人类行为心理学的话，那他就能在紧要关头圆滑地引导谈话的方向了。

作为一个恐怖电影发烧友，他还从恐怖电影的特殊装置和剧情反转中获取了许多灵感。而且，录影的时候他比直播的时候还健谈。经济、时事、文化等，无论谈话涉及什么领域他都不会卡壳。他就是如此勤于功课，从不懈怠。

要想精通刘在锡展示给我们的娱乐守则，就要做到无论在何时何地都保持虚心学习的态度。要坚定决心，不会的东西就去学，并且形成习惯。

金济东曾在聊起让他摘掉眼镜的方式时谈到了娱乐节目的MC们。

“从让我摘掉眼镜的方式上看，每个MC的领导力和风格都各不相同。姜虎东会制造出让我不得不摘掉眼镜的情况和氛围。如果李京奎利用自己的地位和年纪，说‘摘掉’，那我就得摘掉。申东烨是那种会提前做很多功课的人。而刘在锡呢，他会先自己摘掉眼镜，这样的话我就也得自动摘掉了。”

从这个故事中可以看出，刘在锡的风格是，在向别人提什么要求之前，先放低自己的姿态。也许正是因为这样，才会出现SBS的《野心勃勃》中，刘在锡对金济东、金济东对刘在锡这样僵持不下的拉锯战。

史无前例的扮鬼脸比赛，即摘眼镜比赛。他们将比拼在摘掉眼镜的那一刻，谁的脸看起来更能让人吓一大跳。

在锡：这是必须得分出胜负的吗？

济东：就是猜猜看，对眼就行了。

济东先摘眼镜。做到他这个份儿上，与其说是摘眼镜，还不如说是摘面具。接下来轮到在锡了。

在锡：虽然大家都笑了，但是我还是笑不出来。

大家猜猜我是谁？

在锡摘掉了眼镜。结果是金济东赢了。

稻子越成熟，头就垂得越低。这是有原因的，因为头变得更重了。但是，也不知道是不是因为大多数的艺人头都比较小，总是人气越高腕儿越大，头就越低不下来，总是硬挺挺地抬着。

当然，从另一方面来想，也不用觉得那样做就一定是不好的。明星就得有明星的样儿，不是吗？如果明星总是到处叩头的话，难免显得太做作。

刘在锡就不那样。那棵叫刘在锡的稻子，是真的越成熟头就垂得越低。虽然他的头很小，但是却从没有过昂着头的时候。反倒是在他还没成为明星的时候，曾经很狂妄自大过。前面说过，没什么名气那会儿，他很傲慢。在1991年的KBS大学生笑星大赛上，当他被点到获得鼓励奖的时候，他很狂妄地抠了抠耳朵，吊儿郎当地走下台，让前辈们都觉得很崩溃。

曾经那样的刘在锡开始变了，做过七年《笑星演唱会》主编剧的编剧可以作证。

“我认识的新人时期的刘在锡和成了明星之后的刘在锡根本不是同一个人，我甚至强烈怀疑他身上是不是有什么身世秘密之类的。”他低声说。

听了这位编剧的话，有段时间我一直怀疑刘在锡可能有个双胞胎。也许有个傲气冲天的弟弟刘在锡，还有个总是谦逊低姿态的哥哥刘在锡。兄弟俩都有严重的近视眼，带着高度近视镜，在某一瞬间突然交换身份，可是大家都没能察觉。

我会产生这种不着调的想法也不是完全没根据的。我上大学一年级的时候，认识一位82届的老前辈。这位前辈视力非常差，一直戴着高度近视镜。前辈在街道办事处服完了兵役，但事实上，他根本就没参加过新兵入伍训练。

我就问他，到底是怎么办到的？原来，这位前辈有个双胞胎哥哥，他哥哥和他一样眼睛不好。接到入伍通知之后，他哥哥去做体检，因为视力不好所以被判定免服兵役。

前辈知道结果之后就笑了，因为他和他哥哥的视力完全一样。于是前辈昂首挺胸地去做体检了。他以为肯定会收到免役判定，可是不知道怎么搞的，前辈的体检结果居然是服役判定。

前辈受到了很大的打击，翻来覆去想了很久想到了一个办法。

新兵入伍训练的时候，如果提出异议申请的话，就可以重新体检。于是他决定新兵入伍训练的时候让哥哥替他去。

按照前辈的剧本。他们俩是双胞胎，长得一模一样，谁都分辨不出来。哥哥的视力在医学上已经被判定可以免除服役了。如果让哥哥再去体检一次的话，肯定能受到免役判定，让他回家。这样就可以堂堂正正地免服兵役了。

也不知道他对哥哥说了什么花言巧语，他哥哥替他去了本该他去参加的新兵入伍训练。哥哥照着剧本提出了异议申请，重新体检。结果呢？原以为肯定没问题的哥哥居然也收到了服役判定。

于是，哥哥不得不老老实实地在新兵训练基地训练了四个星期。四个星期之后，被分配到街道办事处的时候，才得以偷偷与弟弟调换回来。而弟弟虽然没有参加部队里最累人的新兵训练，但是却装得和刚认识的同批新兵都很熟悉的样子，辛辛苦苦演了好几个星期的戏。虽然难以置信，但这确实是在韩国真实发生过的事情。

所以我怀疑，没准儿刘在锡也是。有个狂妄自大的弟弟刘在锡，还有个谦逊的哥哥刘在锡。从参加《TALK-BOX》的时候开始，到在《感叹号》里以良好的形象劝大家读书的时候为止，兄弟俩在某个时刻悄悄交换了身份。开个玩笑，没有就没有吧。

2000年左右，和刘在锡一样同是“嘴皮子俱乐部”一员的人气笑星表英浩也说过类似的证词。

“俗话说‘稻子越成熟，头就垂得越低’，在锡就是这样的。

但是仔细想想的话，又觉得好像换了个人。出名之前在锡真不是那样的人。别人都是越高升越狂妄，可是在锡却是走得越高姿态放得越低。所以那会儿我就觉得，这人很不错啊。”

和他认识的人大概都是这个意见吧。2009年，宋恩伊在自己和申凤善一起主持的广播节目中也曾聊起过刘在锡。

“不出名的时候特别傲慢，出名的时候却很谦逊，可真奇怪。”第一次参加SBS《RUNNING MAN》拍摄的女团成员Lizzy也是，她称刘在锡为老师，对他赞不绝口。

“我去参加《RUNNING MAN》的时候，刘在锡会重复嘉宾的话和动作，让它们发挥出效果，所以大家都很开心。和别人比的话，他不是搞笑型的，而是放低自己的姿态，给大家带来欢乐和笑声。”

当Lizzy乖巧地喊“哥”的时候，在锡就马上跟她学，使Lizzy心情很好。

那么，刘在锡是从什么时候开始展现出这种放低自身姿态的诙谐趣味的呢？其实，刘在锡在使自己一跃成为全国知名笑星的《TALK-BOX》中讲过的笑话，正是在放低自己的姿态。让我们来回顾一下，虽然已经过了十三年，但现在听起来依然很有趣。

有一次我去游泳馆。

去游泳馆的时候还带着卷纸。

游了一会儿，我就拎着卷纸去了洗手间，是那种简易洗手间。

我走进简易洗手间，这么转的话卷纸不就能扯断了吗？我就扯着一张纸转，可是没想到纸沾水直接断掉了。

卷纸掉进底下了。

我手里就剩下一张纸。

我那个愁啊，愁了半天。这可怎么办呢？喊人吧，还听不见。两边都是封住的，也没法问隔壁的人要。太愁人了。过了一个小时，腿也蹲麻了。不管怎么说也得先出去呀，又不能直接把泳裤穿上。怎么说也是在游泳馆里头。

我在那儿想了半天，欸，想到了。

我把剩下这张纸……贴上了。

虽然那时他的知名度很低，可是能在全国观众都能看到的人气节目里做到这份儿上，实在不容易。刘在锡在《TALK-BOX》上讲这个段子之前，留给认识他的人的印象就是厚脸皮的无业游民丈夫，是蚱蜢。而在那之后，刘在锡这种不吝于揭自己老底的坦率态度，让观众们开始重新认识他。既然说到这儿，索性再说一件吧。

我从地方回来，兜里就剩一千三百块钱了。

都开到我家附近了，车没油了，眼看走不了多远了。

没办法，我就开进了旁边的加油站。

可是我不好意思啊，于是就把车窗摇下这么一点点。

我说：“加一张的。”

那人问：“一万？”

“不是，一千。”

那人突然就这么盯着我看，然后使劲喊了一声：

“这边加一千的——这边加一千的——”

旁边的人都盯着我看。

我一下就把头低下去了，我还以为得加一会儿呢，一千块钱的应该能买一点了。那人把油管这么一插，什么也没做，就那么“哗”的一下！

按了一下一千块钱的，哗啦！这人就哗啦一下！然后就完了。

不管怎么说，我想我还是先走吧。结果那人咚咚照我车敲了两下，（大声地）“一千块出发喽——”

第一个在娱乐节目中担任MC的笑星是《星期天晚上大游行》的金秉祚。其后，有朱炳进、李京奎、徐世源在MC界纵横一时，又有申东烨、南希锡、李辉才等人续写了MC家谱。但是出于职业属性，主MC们很难在节目中摆低自己的位置或者在节目中搞笑，因为他们需要掌控节目整体。

社会心理学家库尔特·勒温曾经做过一项调查，分别总结有多少男性喜剧演员和女性喜剧演员采用贬低自己的方式制造幽默。

结果显示，男性喜剧演员的比例为12%，女性喜剧演员的比例为63%。

但是，刘在锡的主持风格与此不同。比起把自己放在主持人的位置独立出来，他更倾向于选择与参加演出的人同呼吸，一起摸爬滚打。他的选择是放低自己，衬托他人。他所考虑的不是他自己，而是节目整体。

放低自己的做法确实为他营造了良好的个人形象。2012年4月24日，SBS的《强心脏》迎来了久违的IVY。出于多种原因，个人形象越来越糟糕的IVY在摄影棚里急速扭转了自己的形象，收获了一片好评。秘诀就是扮丑脸！这正是放低自己的做法。

这种放低自己姿态的做法能带来抬高其他全体节目参与者的效果，最终达到提高节目质量的目的。这样来看，刘在锡放低自身姿态的主持方式，其收效却是提升了自己。

这一章将从猜谜开始。不过有点抱歉，需要读者朋友有点英语基础才好理解。所以请酌情解题。

有一个节目，由艺人A和艺人B共同主持，有固定班底C、D、E三人，受邀嘉宾F、H、I、J四人，舞台前坐着观众K～Z正准备贡献笑声。

那么，MC A最大的对手是谁？

① MC B

② 固定班底 C、 D、 E

③ 嘉宾 F、 H、 I、J

④ 观众 K～Z

答案将在本章最后揭晓。

有位很出名的男主持人，他的名字观众都耳熟能详。他主持过很多节目，一般都是带上一位女主持人一起主持。他还主持过已播好些年的长寿节目，节目里女主持人换了好几位，男主持人就他一人固定不动。听说，有很多次和他一起主持节目的女主持人一下节目就跑到洗手间痛哭失声。为什么呢？因为自己一想说什么的时候，一起主持节目的男主持人就会突然出声打断，或者男主持人不遵守事先的分工。

这个故事是我还是新人作家的时候，一位前辈编剧告诉我的，据前辈说这个秘密只有他自己知道。当时我很惊讶，“真的吗？”觉得自己洞见了一个了不得的秘密。

当时没出现团队主持人模式，大部分节目用的都是双人主持或三人主持模式。（最开始引入团队主持人的节目是1990年MBC的宋昌义编导制作的《星期天晚上》。）

比如把“拜托啦”喊得腻腻歪歪的李德华和金喜爱，歌手出身、后转型职业主持人的林百千和女MC，主持风格干净利落的林成勋和女MC等组合模式，或者我也曾参与过的《星期天晚上》中的李文世、李洪烈、李成美三人组合模式。从电视画面上看，主持人好像关系好得不得了似的，总是面带笑容一起主持节目，但其实面上带着笑的两个人正进行着激烈的竞争。

共同负责同一个节目的主持人之间是这种情况，那固定出场的班底和个别出场的嘉宾又是怎样的呢？出于本身位置的属性，节目的主持人会因为自己处于负责节目进程的位置上，而希望节目按照自己的想法进行，认为固定班底和受邀嘉宾都按照MC想要的方式进行比较好，认为自己是节目的主人，收到邀请的嘉宾应该心怀感激才对。这是普遍想法。

从某方面来讲，2000年以前，大部分节目采取的方式都是少数主持人你一言我一语地交谈。节目内容上也是，只需观看提前在户外排好的VCR就可以了。因此，主持人往往更侧重于彼此之间的心理战，甚至嘉宾们也只需说自己要说的部分就可以了。

然而，世道变了，趋势发生了变化。参加演出的人变多了，摄像机也变多了。规定大家该怎么做的台本也没了，让大家看着玩儿。

于是，因主持节目而广为人知的主持人有些略感无措。十几位艺人聚在一起游戏。想想看吧，把十几位个个都很有个性，闹起来就没边儿的人凑到一起会是什么情形？又不是部队，在这种情况下应该怎么主持才能让节目正常进行？没有答案。

过去MBC的节目《愉快的青白大战》和《明朗运动会》于21世纪伊始重现。再想像播音员边雄田那样吹吹口哨呵呵呵大笑几声就把问题解决掉是不可能的了，时代的发展要求有新风格的主持人。29岁的羞涩青年笑星就在此时脱颖而出了。

淡定。他并没有采取什么强制性的方法，也没有扯着嗓子大喊大叫，也没有放出让人笑破肚皮的笑弹，他更不是什么能把一起做节目的艺人们迷得晕头转向不愿顶撞的明星。

他不打算主持。他并不站在后面，而是和大家一起游戏。如果参演的人害羞或不好意思，他就自己趴下跌倒逗大家哈哈大笑。

最重要的是用功。刘在锡式主持开始了。

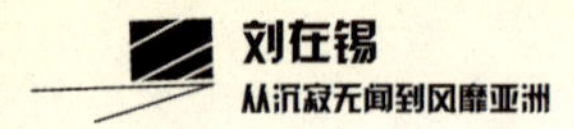

宽阔的运动场里摆上圆形小舞台，让嘉宾在这上面跳舞。即便是艺人，要做到也并不容易。梁美拉说自己不敢跳，在锡就和朴京林一起摇摆身体。

长相标致的金彩妍出人意料地跳起了徐太志的《我知道》的舞蹈。于是在锡就跟着一起跳，还敏锐地观察到细节，问道："不是，干吗自己拿拳头打自己的下巴啊？"引起众人大笑。

在高空作业安全梯训练中，他与金宗锡一起爬上了梯子，或许是有恐高症吧，他的表现十足地暴露了人类的下线。

在锡：你要是敢下去的话就等死吧！

宗锡呀，摇摇旗子。

只不过是在十三米高的地方站了一会儿而已，可是在锡回到地面的时候已经几近昏厥了。MC如此搏命。

在锡的主持就是认真地休戚与共。立足于这样的出发点，在锡的主持风格得到了进化和升华，充满了关怀，令每一个和他一起录节目的人都感到愉悦。可谓开创了关怀型MC的先河。

关怀。意为从多方面关心、照顾、帮助。

心怀关注，提供帮助或用心照顾。

很多时候，一些不太熟悉娱乐节目的艺人或演员、歌手在参加节目时，往往不知道应该选择什么样的时机切入唇枪舌剑、词弹纷飞的舌战之中，因而遭遇尴尬，又没有什么人会费心照顾。

有一次姜志燮参加《Happy Together》的录制，由于要参与开头的娱乐部分，姜志燮不免有些担心，因为他不知道该说些什么。在锡正在滔滔不绝地主持着节目，却细心地发现了姜志燮专心致志"听讲"的尴尬处境。

在锡：你以为这是保险箱脱口秀吗？

他积极地提出问题，使被冷落的嘉宾免于尴尬，让嘉宾和其他人都会心而笑。

2009年夏天，《无限挑战》有期节目是去无人岛度假，这期节目邀请的都是男嘉宾。开场是好长时间没用过的"早点来呀"。在锡独自在码头入口处等候参加录制的嘉宾们，表演起了久违的单人脱口秀。孙浩英最先到达，接着是生菜。第三个到场的是模特裴正南，这位朋友是第一次上娱乐节目，眼神儿里都透着不知该做什么的样子。

在锡做不到袖手旁观。孙浩英和生菜两人在兴致勃勃地聊天，裴正南却融入不进去，只能一直搭话。几轮对话过去，在锡看不下去了，他用讲课的方式教了裴正南一个重要的技巧。

在锡：大家请看孙浩英，虽然不说话但是一直保持这样的姿态。这是种礼貌。其他人说的话，即便是与自己无关的话，即便是自己并不关心的话题，只要是有人正在说话，他就无条件地点头。不管自己同意不同意这些话，就算心里想着“为什么那么说”，也要先点头再说。为什么呢？因为几十台摄像机正对准着在场的每一个人。刘在锡在那边说话呢，我在这边应该是看不到的吧？绝对不是这样。

请看那里，明显有人在看着我们。而且，观众朋友们也会通过镜头看到我们。他们会说：“哎呀，人家都在那儿聊着呢，他怎么净说些无关的话呀？”正南，试试看！自然地跟上节奏。

之后也能看出来在锡一直对裴正南多有关照。没准儿节目录完后裴正南就成了在锡的粉丝呢。

当然，也不是所有的非娱乐人都会显得不适应或融入困难。讲述南北乒乓球联队故事的电影《KOREA》的演员们来了。玄静和刘南奎在节目中表现出了惊人的娱乐节目适应力。演员李宗锡也是第一次上娱乐节目。正聊着电影角色的话题，李宗锡率先说到自己是平壤冷漠都市男。这让在锡由衷地感到抱歉。

在锡：啊，我们应该切话进去的。

他为自己身为MC，却没能先照顾到嘉宾而真心自责。因为他自己曾在很长一段时间里无人关注，身处边缘地带，所以对刚入行的新人和尚未红起来的后辈们总是很留心。在锡关照后辈的故事实在太多，全写下来足够出本书了。其中从目前很受瞩目的女笑星之一安英美那里听来的故事让我印象深刻。

“我还是新人的时候曾经在《餐盘练歌房》做chance girl。玩猜歌名的时候，如果嘉宾需要提示——不是可以给他们看一句歌词嘛，我就是做这个的。如果嘉宾们不要看歌词提示的话，我就一直站在旁边等着。可是每当嘉宾们不抽歌词，刘在锡前辈就一直让他们抽。因为他想给我出镜的机会，想让我被大家认识。对于我来说，出来抽一句歌词，然后走开，就结束了。可是，前辈突然说：‘啊，这是我们的新晋女笑星，多才多艺，口技模仿也很厉害。’那时候我根本不会口技。眼看着就要出丑了，那期嘉宾里有歌手李秀英，于是我就说要即兴模仿李秀英。结果模仿得完全不像……唱的是《形单影只》。可是刘在锡前辈说那孩子不错！那孩子不错！所以我的部分才能在节目里播出来！再有，喜剧演员们去洗浴中心开会。会议结束后我们准备回家的时候，店里的人说刘在锡前辈已经把账都结了。所以说成功的人之所以成功都是有理由的。”

在锡不仅对助手很关照，对普通的节目参加者也一样。有个学生在网上发布了他们老师参加刘在锡主持的《真实游戏》时的经历。

“11月29日，也就是上个星期三，我们学校的体育老师说他要去参加刘在锡主持的《真实游戏》。刘在锡这么有名，所以老师刚一说，同学们马上就拜托老师帮大家要签名。老师去录影的时候就带上了同学们精心准备的签名纸。节目录完之后，老师就把签名纸给了刘在锡先生，拜托他签名。签名纸真的有很多很多张，他得多烦啊，如果换成是一般的偶像团体的话可能就不会签了。刘在锡先生主持的节目又不是一两个，一定很忙！可是，刘在锡先生却对体育老师说：'等起来太累了，我都签了之后邮到学校去吧。'然后，两天之后，就是星期五那天，快递来了。连同学们的名字都一个一个全写好了。又不是一两个人，又不是粉丝签名会，他得多累啊。听体育老师说完之后，我不由得想，真不愧是刘在锡！"

做到这份儿上，真不能不说他是关爱之神了。从过去无名时期的刘在锡，到做了明星之后一直散播关爱的刘在锡，其间到底发生过什么事呢？

现在，可以揭晓放在习惯4开头的谜题的答案了。仔细读过本章的读者很容易就能猜到，正确答案是①。

还是同一个题干，再出一个附加题。有没有哪位读者发现有一个字母被漏掉了呢？看看就可以了，这里就不说答案了。套一套那句名言，答案就在问题当中！

有档脱口秀节目，可以说从首播就备受争议，这就是《广播明星》。久未谋面的金国振终于复出，十分可喜可贺，将看起来完全不搭调的三个人（尹钟信、申正焕、金九拉）组到一起更令人拍案叫绝。这可真是个果决的设想。换作是我的话，可能连想都想不到。

这四个性格不一的人（两个月后金振国会师）聚在一起做高品位的音乐节目，而且不是在用来听的广播里，而是在用来看的电视上。这简直太有意思了。当然会有嘉宾来上节目，主持人本来应该在节目中对嘉宾提出问题引导节目节奏，可是这几位却都想为自己争取注意力，你一嘴我一嘴地吵了起来。一旁观看的嘉宾根本无可奈何……

就好像服装店里来了顾客，两个店员却为谁推荐的衣服更好而吵了起来一样。事态逐渐扩大，到最后互相攻击对方的审美眼光……顾客看到这个场面会认为很荒唐，但同时又觉得挺有意思……

脱口秀的目的并不是让几个MC自己坐在一起聊天，而是以嘉宾为主人公，MC应该代替观众向受邀而来的嘉宾提出观众关心的问题，或是为嘉宾提供一个畅所欲言的平台。这才是脱口秀的本质。但是，《广播明星》直接推翻了这一本质。

《广播明星》是2006年开播的MBC《黄金渔场》栏目下的一档节目。开播一年之久都没能稳定下来，一直来来回回地调整变动。2007年5月30日，新版《广播明星》首次播出。

在已有团队尹钟信和申正焕的基础上加入了金九拉，首期嘉宾邀请了郑亨敦。MC三人与嘉宾就坐，对话内容如下：

九拉：听说是尹钟信、申正焕和我一起做主持。哎呀，这么个组合做节目似乎有点艰巨。所以希望全寄托在嘉宾身上了，却得知来的是郑亨敦……哎呀呀……

亨敦：我以为是《膝盖道士》才来的，来了之后才知道不是，心情很不好。说实在的，从电视上看这三位根本不是主流嘛。别人主持他们就在旁边拾人牙慧。对不对，三位都是。

九拉：对，我们就是拾人牙慧的，所以今天才没人递话呀。今天我们要涮你才叫你过来的。

亨敦：我很好奇你们三位中间谁是做主持的？

正焕：我们也是因为《广播明星》是首播才必须请明星过

来的。

亨敦：邀请函是从《黄金渔场》发过来的，我还以为是《膝盖道士》呢。

九拉：就因为不是《膝盖道士》所以才说是《黄金渔场》呀。

四人你一句我一句地吵了半天，仅仅录开场就用了好久。足够做一期节目了。

九拉：你最近很闲吗?

亨敦刚想说话，尹钟信突然插话进来。MC们一直在抢着说话，亨敦忍不下去了，问什么时候才能轮到自己说话？为什么不给嘉宾机会说自己想说的话？就是这样一个特别的节目，MC让嘉宾有话想说也得憋着。

《广播明星》播出之后，观众的反应完全两极化。有人问怎么还能有那样的节目，有人说“把嘉宾邀请过来摆在那儿，自己人之间吵架拌嘴争抢注意力，冷不丁地突然向嘉宾扔过去一个敏感问题随口开说……”

有人认为非常有趣啊！这很让人兴奋啊！很新鲜啊！我当然是属于后者的。

身为节目的主持人，MC哪怕什么都不做，他所处的位置和所扮演的角色就已经让他显眼，无法不备受瞩目。因此，电视人和娱乐人都争先恐后，希望最终能做到MC的位置。如果还能主持挂上自己名字的《OOO秀》，那就更得偿所愿了。

从这点上看，Johnny Yune（尹宗承）、朱炳进、李洪烈、李文世、李丞涓、金惠秀、朴重勋（Go Show）等人都是如愿以偿的有能之士，是幸运儿。不过，《巨星秀》应不应该放到这里呢?

这么说来，艺人取名字的时候很有必要慎重一点。比如生菜、吉（吉成俊）和All Lies Band，如果他们有远大的抱负的话，就应该重新想想名字的问题了。难道是因为这个洋白菜才改名的？

如上文所说，MC是无法不受注意的人。《广播明星》里，MC们为了自己更抢镜而分毫必争，一群成年人玩起了露骨的心理战，看起来十分有趣。再加上，他们激动地互相挤对，只要其他主持人针对嘉宾提问或做出什么反应，他们就会当面表示瞧不起，“这是什么呀？”

也许，观众们认为《广播明星》既新鲜又有趣，也是因为它触及了以往MC们的主持所引起的不适感。MC们是某种情感劳动者，他们要对和自己一起工作的其他MC、固定参演成员和嘉宾们露出笑容，说人家喜欢听的话。他们是电视界的洪吉童——对父亲不能叫父亲，对讨厌的东西不能说讨厌的人。所以，很多部分显得形式化，有些方面显得做作。

在录影现场，可以看到MC们真实的、人性化的一面。镜头前笑容满面，镜头一关就面无表情的人不在少数。所以这也不是什么不好的事儿。他们也是在职场上严谨工作的劳动者，他们也是必须排除自己情绪的干扰，尽量尽善尽美工作的情感劳动者。

正是因为这点，选择毫无顾忌地展露自身真实情感的《广播明星》反而使人感到轻松自然。

而刘在锡则站在与《广播明星》完全相反的立足点，毫无保留地袒露自己的情感。如果说《广播明星》是要努力让自己更受关注，那么刘在锡则是要努力让对方更受瞩目。身为MC，比起自己做主人公，他更愿意把嘉宾和与自己一起工作的主持人当成真正的主人公。他是这么想的，也是这么做的。

在初期，这可能是种战略，可能是种情感劳动，也可能是种伪装。可是，同样的事做得久了，就变成了习惯。从某一刻开始，刘在锡的主持真的是真心衬托对方了。如果自己的语言和行动给对方造成了伤害，他自己就会很难受，会后悔和反省。

很多人对刘在锡放低自己衬托他人的主持风格和性格表示怀疑。周围的人中也不例外。哈哈曾经怀疑过，卢洪哲和郑亨敦也曾经怀疑过，甚至连姜虎东也怀疑过。刘在锡结婚之前，姜虎东曾经在某档广播节目里说过：

“形象管理做一两年很容易，但是刘在锡的表现并不是因为在做形象管理，而是他本身性格就是那样。录完节目之后，在外面是看不到刘在锡的，一录完他就回家了。他的日常生活就是录影——家——录影——家，偶尔出门就是来我家。我问过他空闲时间里想不想谈谈恋爱，他说还没准备好，现在还在努力修炼需要传递给各位观众的能量和能力。所以，同意别人给他介绍女朋友，这种行为本身就是对对方的唐突。有人说他可能是为了在摄像机前好好表现，为了装谦逊所以才这么说。可是在锡说这话的时候是在我家里，只有我们两个人。”

金九拉命名的“电视机器”刘在锡，因其不考虑自身，努力衬托他人的主持风格，使很多艺人表示想和他一起做节目。

有一次，郑亨敦、哈哈、尹亨彬和Defconn一起上《Happy Together》。其中Defconn是第一次参加《Happy Together》的录制，说话的时候多少有点看周围人的神色。Defconn自己说：“因为我是个音乐人……”

刘在锡感到很抱歉，说道：

“啊，我们应该叫您音乐人的……”

他这种多为他人着想，而不会只顾着自己的习惯并不是一开始就有的。

“直到几年之前，我还经常在想我应该搞笑。可是现在我想的是，包括我在内，和我同时代的所有人，难道不都是一家人吗……不是同辈人吗，不应该互相帮助吗？难道我们不应该有志一同树立为观众带来欢笑的目标吗？”

《无限挑战》第一季那会儿，令电视界纷纷咂舌——怎么会做出跳槽这种离经叛道的行径，会不会再次跳槽——一起开始《无谋挑战》创作的表英浩不是从一开始就喜欢刘在锡的，只不过是认识的校友而已。在表英浩看来，刘在锡就是一个其他电视台的笑星前辈（刘在锡年纪小，但是先出道）。

而且，那会儿，刘在锡已经跻身明星笑星的行列了。虽然节目创意不是很合心意，但既然是做周六晚上这个黄金时段的固定班底，意义非凡。于是表英浩就参与到了节目的草创工作当中，也因此发现了刘在锡这个人的另外一面。

“一般改组之前艺人都会谈到演出费的问题，当然是要求提高演出费，可是我一次都没看到过在锡先要求提高演出费。大部分MC理所当然地认为自己是主人公，认为都是有自己节目才能运转下去。所以认为提高演出费是关乎自尊的问题，并通过经纪人和节目组谈。但是在锡看的不是他自己，而是节目整体。他认为，制作费基本上都是有定数的，如果自己要求提高演出费的话，就会有谁的那份被缩减，或者失去工作。所以，首先应该把节目做得好玩。如果节目好玩，收视率就会上升，就会有很多广告找过来，制作费就会提高。这样不是最终对自己也有益吗？这样的在锡让我觉得很与众不同。”

这样的故事，刘在锡在广播里也捎带提过一点。

“以前我自己觉得有意思就好了，我自己好玩了就觉得满足了。可是现在我看到的更多的是节目整体，以及我身边的人，所以比以前更累。”

得益于他这种少关注自己，多衬托别人，力求促进节目整体质量的想法，有好几个人在他主持的节目中被他有意推举而成了明星。

有《无限挑战》的朴明秀、郑亨敦、郑俊河和哈哈，有《Happy Together》里一起合作过的朴美善和申凤善，还有最近的G4笑星们。如果是以前的MC，不会和金元熙一起主持《来玩吧》那么久。通过刘在锡，娱乐初学者李光洙、宋智孝和Gary（姜熙建）在《RUNNING MAN》中带来了很多欢笑。尤其是朴明秀，一看就知道，他跟刘在锡在一起的时候与他独自担纲的时候状态大不相同。

要想使某个人在节目中能够被凸显出来，最好的办法之一就是为他塑造一个角色。听一起做节目的人说，在锡在给大家取外号、发掘大家的特点上费了许多心思。

实际上，别说开动脑筋帮别人了，要是看到谁想自己这么做，一般的MC还要使绊子让他做不成呢。为什么呢？因为怕那个人会红啊，怕观众的注意力都被那个人抢走了呀。但是，在锡却以节目整体质量为重，想尽办法去发现每一个节目出演人员的闪光点。

刘在锡身上体现的娱乐精神并不是条轻松的路。不止一两次了，明明是笑着开始的挑战，和刘在锡一起做着做着，就在某一瞬间突然觉得鼻子变得酸酸的了。身为带领全队的队长，刘在锡经常表现出一种甘于牺牲的领袖精神。

2011年2月，《无限挑战》要做一期冬奥会特辑。首先开始的是热身游戏“冰上起身”，上演了一场肢体搞笑大餐。节目中，在睡袋雪橇比赛之前，大家需要把冻在冰里的名签取出来贴在对阵表上。这些笨蛋连什么叫轮空都不知道，只顾着把自己的名签贴到自己喜欢的号码上。这傻兮兮的样子也被完完整整地播了出来。

接下来是抢夺不停跳跃的食物，并进行冰壶比赛。看了他们全情投入到游戏中的身影，我不禁想到，这些人真是切切实实地表现出了“游戏的人”的含义。

气氛渐渐在欢笑声中热烈起来，终于，今天的主要挑战——征服跳雪台任务来了。第一个阶段是三十度倾角的暴风雪跑道，紧接着就是倾角五十度、长一百二十米的跑道。他们得套上冰爪往上爬。他们所有人都有高度恐惧症。所以，大家都明白，在这个任务里，大家需要互相信任、互相扶助。队员们开始攀登，挑战开始了。估计他们都没预料到接下来要面临的是多么艰难的状况。

从五十米的节点开始，俊河开始感到吃力了。因为必须全体爬上去，所以在锡一边鼓励他，一边大声喊着，爬在下面的人比较危险容易受伤，所以即便跑道很滑，但还是往侧面爬一爬，把跑道拉宽。哈哈也说这比想象中吓人得多。吉成俊的冰爪滑脱了，洪哲开始往下滑，最后，明秀最先滑到了底下，俊河也滑了下来。

虽然事先料想到了会很难，但没想到会这么滑、这么累。他们到底能不能全员爬上去，获取全胜呢？大家心存疑虑，但还是一直在努力攀爬。在距离终点三十米的节点上，悬挂有绳索，在锡率先抓到了绳索。接着，哈哈也成功地抓到了绳索。在锡第一个爬上了顶峰，此时他已经筋疲力尽了。在此期间，明秀再次中途滑了下去，俊河好不容易抓到了绳索， 哈哈第二个爬上了顶峰，洪哲第三个抵达，而明秀和俊河又开始了再一次的挑战。然而，明秀又掉下去了。吉成俊和俊河还在努力向上爬的时候，明秀已经开始了他的第四次挑战。大家都在为他喊加油。

最后，在锡实在看不下去了，开始往绳索末梢的地方爬下去。

不知什么时候，在锡已经来到了绳索末梢的地方。千辛万苦爬了上来的明秀终于抓住了在锡伸出来的腿。在锡大声地鼓励着他们。接着，俊河也抓住了在锡。现在，剩下的就是吉成俊了。然而，他又滑下去了。问题出在他的冰爪上。在锡问吉成俊的鞋子尺码，确定和自己的一样，于是把自己的冰爪扔给了吉成俊。吉成俊换了冰爪，再次发起了挑战。

这时，明秀的娱乐本能冒了头。他担心灯光都集中到在锡一个人身上，于是他也爬了下去。在锡笑了，“干吗下来？明白你的心意啦！”吉成俊一直在努力，最后到了绳索下面一点点，实在没有力气再向上爬了。

在锡很犯愁。就在此时，他做出了一个惊人的决定——他说“我穿上冰爪下来”，然后真的放下绳索下到最底下去了。就这样，在锡重新开始了攀登。他喊着“成俊呀，再坚持一下”，一边以超人般的力量快速向上攀登，一边鼓励吉成俊：“马上就好了，千万别放弃！”

在锡又爬了上来，重新抓住了绳索，让吉成俊抓住自己的腿，吉成俊让在锡先上去不用管他。在锡生气了，喊道：“怎么就不能相信我！”

最终，吉成俊抓着绳索，在锡在上面拉着绳索，终于成功登顶。所有人忘情地拥抱在一起。此时，字幕浮现出来：“即使慢一点，也要一起走！”

在锡的这种为了团队牺牲自己的精神时常可见，在“长樵挑战”篇中也十分耀眼。说起“长樵挑战”的发起，就像闹着玩儿一样，是因为卢洪哲迷上了电影《冰上轻驰》（*Cool Runnings, 1993*）才策划出来的。当然，这又是一次始于微末，收于盛大的挑战。

当我看“长樵挑战”篇的时候，最使我震惊的就是刘在锡身为电视人的敬业精神。在以时速一百二十千米的速度飞速移动的同时，他居然还不忘用手扶住摇摇欲坠的头盔摄像机抓拍画面。如果没有在锡的这种彻头彻尾的敬业精神，他生动的表情绝对不会被拍到，那基本上就是一场节目事故了。

做节目做久了，总会遇到大大小小的节目事故。我本人也经历过各种各样的事故。那就说一件我亲身经历的和一件从旁人那儿听来的吧。

MBC的《寻找吧！美味的TV》有期节目拍的是江南区的某家知名料理店。那是消防员郑源观和中医李庆济一起主持的《绝味美食》单元，要拍个开场的片段。虽然台本上只有几句台词，但是那天两人不知道为什么状态非常好，说了好多台本上没有的东西。东西还没吃到嘴里呢，拍的量就已经足够做节目用了。

拍好了开场，大家收拾东西准备转移阵地拍下一节。突然，摄影师面如死灰。我站在一旁心里直打鼓，有种不好的预感。老练的导演开口了，“不会吧……”摄影师立刻坦白道，“怎么办……忘了装胶卷了……对不起……”

天！郑源观和李庆济以及拍摄组瞬间冰化。可是，又能怎么办呢？只能重拍了。没办法，也就拍了台本上有的那些。

下面要说的节目事故是某制作公司的老板亲口对我说的。那天，SBS的深夜纪录片该交片了。制作进度多少慢了点，不过好在傍晚的时候顺利搞定了成片。导演助理出发去SBS交片了，老板就悠悠闲闲地在公司里准备监看。

然而，节目开始前大约两个小时的时候，SBS来电话了，问为什么还不交片？老板当然要问了，导演助理去交片都走了四个多小时了，怎么可能还没到？这也是事实。老板忽然汗毛都立起来了，是不是去交片的路上出什么事故了？公司顿时乱作一团。

这时，去交片的导演助理打来了电话。老板不敢大声吼叫：“呀！你现在在哪儿啊？为什么不去交片！”只得柔声问道：“哎，出什么事了？怎么还没交片呢？”

导演助理说：“之前那个摄像机事故，你还记得吧？”啊哈，原来如此。几个月前，这个导演助理去拍山地的时候不小心把摄像机掉了下去摔了个粉碎。老板冲他发了一通火，让他赔。于是他就怀恨在心，想整老板一把，一直在等机会。那天，就是他准备生事的日子。他把交片当成了人质了。

此时，距离节目播出只剩一个小时了。老板想，无论如何先播了节目再说，于是抛开了自尊。

“哎，那件事真是对不起了。你知道的，我一生气就大吼大叫。不过你也知道的，总是不了了之嘛。对对，摄像机摔了也不是你的错……这件事以后就当没发生过，你先去交片，好不好？嗯？拜托了！”

那个导演助理是怎么说的呢？

“晚了，老板，我已经在江陵了。”

这就是完整的交片人质事件。不知道那个导演助理现在还有没有在做电视了。

节目事故就是这样，只要稍不留神，不知道什么时候就会找来了。在锡却因其瞬时的投入和忘我，硬是避免了一场节目事故的发生。

第二次被刘在锡震惊到，是他主动要求担当最困难的任务的时候。

朴忠栽受伤了，郑亨敦也受伤了，卢洪哲实在调不出档期。最后，就由朴明秀、郑俊河和刘在锡坐上了长橇。因为伤病退出的朴忠栽之前排在第三位，郑亨敦之前排在第四位。这就是说，得有个人不能坐在自己之前练习时的位置。

谦让和牺牲的角色，交给了刘在锡。之后，就像很多观众都知道的那样，《无限挑战》的长橇挑战充满了感动，圆满地落下了帷幕。

单凭某一个人的力量是绝对无法带动一档娱乐节目的。每个人都想在节目中有所表现，因此，就需要每个人都注意均衡，通力合作。这样，节目整体才能好看。为了达到均衡和合作，就需要有人做出牺牲，照顾他人。刘在锡总是欣然接过这个角色。

实际上，这个叫刘在锡的笑星，只要他下定了决心，就能轻松自如地笑着做节目。即便是像《来玩吧》和《Happy Together》这样，把明星们邀请到摄影棚里来，用高格调的幽默作秀，也绝没有人有什么非议。

现实中，大部分的艺人红得越快，人气越高，出场费涨得越多，就越想做轻松舒服的节目。新人时期的时候，艺人们从远远的三十米开外就会跑过来，九十度大鞠躬，大声问候：“您好！”但是，随着辈分越高，做明星越久，鞠躬的度数和声音的分贝就越小。渐渐不堪的，是先于艺人身份的为人之道。

但是，刘在锡截然相反——对受窘毫不迟疑，对牺牲毫不在意。

写到这里一看，似乎刘在锡一直在悲壮地牺牲，不是喜剧人，反是个悲剧人了。

《无限挑战》录赛艇特辑的时候，刚开始那会儿大家手脚不协调，很费劲。尤其是，在大家都筋疲力尽跌倒的时候居然还下起了倾盆大雨。在锡率先纵身一跃，冲进雨里打滚。这是在号召大家，一起过来玩吧。就像每当下雨的时候，孩子们就会兴奋地疯玩。事实上，在广场上的喷泉里跑来跑去的年纪，估计最多不过小学一年级。在锡以身作则，将大家引入了童心的世界。最后，所有人都回到了在雨里疯玩的时节，展开了一场尽情的雨中游兴。

刚开始已经筋疲力尽的队员们抱住在锡的头和胳膊、腿开心地玩耍。被当成了大玩具揉搓的在锡起身后，说了一句话：

“干得好！我弟弟们干得好！下雨天就该这么玩儿！”

刘在锡，就是这样的一个人。

不论做什么节目，想要做得有趣，就不能太随便，得有游戏。即便是两个人相对着踢球，也不能是简单地踢来踢去，那就太没意思了。应该采用类似“点球大战”的游戏方式，制造紧张感。当二人中有一人得接受惩罚，如果对话是：“你来？”“好，我来。”就很没意思。应该用“石头剪子布”的方式，让某个人赢，这才有快感。

娱乐节目和科教节目的区别是什么呢？是刘在锡的节目和孙石熙的节目的区别，是追求趣味的节目和追求教育的节目的区别。这么说有点奇怪，是笑星或歌手们出镜的节目和教授们出镜的节目的区别。一时间不免浮想联翩。

节目有两个要素——内容和形式。科教节目首要考虑内容，次要考虑形式。而娱乐节目则是首先考虑形式，然后再往里填充什么内容。娱乐节目将形式看得很重，将框架看得很重，也就是游戏。

“石头剪子布”究竟是谁在什么时候发明的呢？“猜单双”呢？发明“鱿鱼”游戏的又是谁呢？体育其实也是一种大型的游戏。如果只是很多人在一起毫无章法地踢球，那当然不值一提。但是因为引入了形式——在足球场上，将二十二个人按十一个人一队分成两队，只允许用脚和头碰球，只有将球送到对方的球门里才能得一分。于是今天，足球成了使数十亿人彻夜不眠兴奋不已的、世界上规模最大的商业活动。

棒球这种形式，篮球这种框架，都是因为被赋予了游戏的形式，才产生了趣味性，甚至使人感动。

说到这儿，您应该已经找到感觉了吧？要想做个有意思的人，想要像刘在锡一样做个会享受、会乐的人，就要先让自己做一个玩家。不论做什么，都要先想想，能不能用游戏的形式来做呢？能不能做个框架出来呢？而不是简单直接地上手就去做。

刘在锡是个玩家，而且是个天才玩家。不论做什么，都会费尽心思导入游戏的形式。为什么呢？因为那样才会有趣，因为那样才能让一起做事的人觉得愉快。

尤其是在主持节目的时候，刘在锡有很多次发挥急智，当场发明游戏提议大家一起玩儿。在2012年1月12日播出的《Happy Together》中，出演嘉宾有严泰雄、郑丽媛、柳善和朴基雄，聊天的主题是发错短信的经历。

丽媛：真的，女人（都喜欢这样的男人），如果她发信息说："我今天累死了。"有人会回信息说："啊，今天累坏了吧。"而有的人就会回复说："吐血了吗？"这样就很没眼力见儿啊，很招人讨厌。那种接到短信之后，会有很贴心的回复的男人才会让我觉得很开心。

大家虽然都听懂了郑丽媛说的是什么意思，但是从表情上看还有点模棱两可。这时候，大部分的主持人会说："啊哈，原来郑丽媛喜欢的是会发贴心短信的男性。"然后就此打住。可是，到底是刘在锡，就是这么与众不同。

在锡：啊，我很好奇到底是什么样的短信。举个例子说呢？

丽媛：具体的想不起来了。嗯，能读懂"……"的含义的男人！

也就是说，她喜欢能充分理解自己发的短信里的"……"的男人。此时，刘在锡提议了一个计划外的游戏，并亲自起身向制作组要了素描本和签字笔（近来的娱乐节目中，制作组最重要的备品就是素描本和签字笔）。

G4自不必说，他还给了朴明秀和严泰雄每人一套素描本和签字笔，当场做起了即兴游戏，名字就是短信回信大比拼！甚至还向郑丽媛询问了是什么时间、星期几发的短信。简直是个情景剧天才。

丽媛： 感情丰富的时候，凌晨一点三十七分。

在锡： 星期几?

丽媛： 星期二。

要想让游戏确实有趣，使所有参加游戏的人都投入到游戏的设定中是必要条件。现在，丽媛发短信了（写在素描本上）。

丽媛的短信：睡不着，无聊死了……你做什么呢?

在锡：终于公布比赛题目了，比文大赛，开始!

针对丽媛发来的短信，男嘉宾们写好了答案，然后一个一个地公布。

金元孝：我结婚了！ 不要在这个时间发短信!

丽媛绷不住哈哈大笑起来。

明秀：等我老婆睡着之后给你打电话^^

同样把在座的人逗得前仰后合。金俊浩自己编了段对话，写的是丽媛和自己互相发的短信。

俊浩：哦？ 怎么会给我发短信呢？

丽媛：？？？

俊浩：这个时间我和你一起在梦里呀。

俊浩的短信有点冷。

泰雄：我也是，我也是，太无聊了……

也许是玩得太开心了，朴明秀又写了个短信。

明秀：不行啊，老婆不睡啊。

引得大家又是一番嘲笑。

就这样，趣味短信大比拼结束后，郑丽媛选出了最贴心的短信。出乎意料地，她选择的竟然是严泰雄的短信。理由是"……"的意思就是在说自己很无聊。

在宣布这场比赛结束的同时，刘在锡又让大家给柳善发短信，发动了第二场短信大比拼。柳善将发短信的时间设定为星期六晚上九点四十五分。

柳善：吃饭了吗？晚上做什么？

大家都用很机智的回复引来笑声一片，而金俊浩这次又编辑了一个设定了对话的短信。

俊浩：现在是九点四十分，三个小时后在那儿见。

大家纷纷问他为什么要做这种没用的对话设定，在锡却在这种情况下还能提出游戏方案来。

在锡：那这样，请写出地点！测试一下心灵感应！

猜猜柳善和金俊浩所想的“那儿”是哪儿呢？这不过是个芝麻粒儿一样小的游戏。究竟，二人的回答会是哪里呢？柳善写的是“我家门口”，金俊浩写的是“弥沙里”。

刘在锡并没有就着短信的话题一直聊下去，而是执拗地思索着，能不能为节目增添一点趣味性，用游戏的方式使节目得以升华？

天才玩家刘在锡决心要做游戏的最终大赢家。趁着大家手里都拿着素描本，他提议大家各自随意画个人，做个“互画”游戏。金俊浩画了申凤仙，刘在锡也画了申凤仙，金元孝把郑丽媛的脸画得完全认不出来……游戏里大家画的画都很出乎意料。

实际上，刘在锡能成为游戏王，是有原因的。《明星生存，同居同乐》中有“举垫竞猜”“用身体说话”和“似梦非梦大竞猜”。《SUPER TV，星期天真好》中有后来成了全民游戏的“空空嗒恐怖的空空嗒”，使人全身都能得到锻炼。SBS《星期天真好》的《寻找X-MAN》也不可不提。《无限挑战》的“竞猜达人”中有游戏“倒着说，啊哈”，这个游戏让《无限挑战》的地位稳如磐石。

“孙炳浩游戏”在2010年5月6日播出的《Happy Together》中首次问世。如果没有刘在锡，这个游戏究竟还能不能引爆人气，成为人们热议的话题呢？初次上娱乐节目的孙炳浩有点羞涩，能将他提议的游戏提高到全民游戏的地步，还得说是刘在锡！

孙炳浩自己也说：“在酒桌上，或是有意结识朋友的场合，再没有比游戏更好的办法了。‘孙炳浩游戏’爆红是宿命。当时《Happy Together》有刘在锡，这就是命运的安排……”

实际上，近来，大家即便聚在一起，也都是各自拿着手机眼不离屏幕。从这点看来，没有什么比游戏更能让大家碰触彼此，感受彼此了。想像刘在锡一样搞笑吗？想像刘在锡一样开心地玩儿吗？那么，就做个玩家吧！

第三部

像刘在锡一样搞笑吧！我也能做刘在锡

Running man

到此为止，我们跟着“在锡，娱乐守则”磨炼了娱乐的基本技能。现在该尝试实战了。怎么做，才能在生活中像刘在锡一样做个有意思的人呢？我为有这样烦恼的朋友们准备了一些小贴士。其实一点都不难，只要模仿刘在锡所做的就可以了。

不知道有没有艺人在读这本书。但是我想大部分的读者应该是普通人，而不是能在电视上搞笑逗乐的艺人，更不会是演员。再怎么说，动作搞笑还是有一定局限性的。想要把谁逗笑的时候，大部分还是要用语言来实现。当然，偶尔用动作搞笑会起到很大帮助。但是常用的话，就要小心被人认为是奇怪的人了。

有一件事，刘在锡一直在做从未停止。不论是刮风下雨，不论曾经年少还是成年以后，不论自己默默无闻还是已经声名大噪，他一直坚持不懈地在做。这就是刘在锡娱乐的基石——健谈。

可以说，他只要一坐下就要开始喋喋不休地侃大山。不管是咖啡厅还是茶馆，不拘什么场所，他都能坐那儿聊上很久。

他到底都在说些什么，每次都要这么说够本？都已经十多年了，每天说同样的话居然还不感到厌倦。就好像女人们煲起电话粥一般都得一个小时，聊了两个小时之后，挂电话前还得说一句："嗯，好，见面之后再详聊。"

也许正是因为这一点，在2011年某个网站所做的"绝对不会被主妇们的唠叨打败的艺人"调查中，在锡毫无疑问当选第一名。果然要说健谈，还得是《无限挑战》底气十足。第二名是卢洪哲。

如果非要说刘在锡在健谈这方面有什么缺点的话，那就是他总是说"我来！我说"。虽然是听起来充满自信的话，但是一不小心就容易变成自以为是。

他的这一面在《无限挑战》做赛艇特辑的时候尽显无疑。当时遇到了雨天，大家就说煮点泡菜面片汤吃。郑俊河在正中间准备面片，可是自觉做不好那么多人吃的面片汤。于是在锡就说："我来！""相信我吧！"然后就切洋葱放进面片汤里，还非要放拉面调料。

想要逗笑别人，起码要会说话。要锻炼说话的能力，最好的办法就是多说。不说话，只是多看关于谈话技巧的书，或者观察别人说话，这是有一定局限性的。

反正都要说话，那么直接开口不失为最好的办法。

多聊聊天！和家人、和朋友聊，在公司的话就和同事或前后辈多聊聊。有聊天对象的时候自然而然地聊，独自一人的时候也可以自言自语。当然，被别人看到自言自语的话，确实可能有点危险。

如果感觉自言自语很奇怪的话，读读报纸或读读书也是不错的办法。读报纸上的新闻的时候，可以让自己像新闻播音员一样诵读，这样很有助于锻炼口才。笑星金九拉就长期使用这种办法。也可以在一个人开车的时候听听广播试着跟读。

现在，男人的沉默是种美德这句话应该扔进垃圾桶了。基本上没有哪个女人会不喜欢言谈中兼具健谈、机智和幽默的男人。关于这一点，只看笑星们的女朋友或太太都是美女就能证明。顺便说一句，我太太就是个美女。

如果在健谈的同时，还能锻炼在陌生人面前勇于开口的气魄，那就更是锦上添花了。曾经有人问被称为金济东导师的笑星方禹鼎：

“老师，如果希望能在别人面前侃侃而谈，应该怎么做呢？”

方禹鼎是这么回答的：

“多多积累经验、经验、经验，除此之外别无他法。”

田中英夫的《健谈人士的 1%秘密》中，谈到了如果想积累在人前健谈的经验，可以采取怎样的方法。类似登上讲台做演讲这类的方法，其实普通人实现起来并不困难。这里给大家提供三个可以在日常生活中实践的方法。

在陌生人面前说话之所以困难，是因为害怕别人看过来的眼神。因此应该培养无视他人眼神的忍耐力。此时，可以试试利用剧场。

现在，电影院到处都有，里面的设备都很不错。观众席的倾斜度也很好，最前排的坐席与荧幕之间的距离也足够远。去看电影的时候，走进放映厅之后不要直接去找自己的座位。走到最前排正中间的位置，停留一会儿，望一望观众席。那一刻，你就是演说家，前面坐的这些人就是在倾听你演讲的观众。仔细观察来的都是什么样的观众，感受他们的视线。当然，电影院里很暗，所以基本没人会注意到你。

大胆尝试过后，你会发现这是个非常有效的办法。如果能再鼓起一点勇气，可以试试来个一分钟左右的演讲。

反正离电影开场还很远，不会有人说什么的。

第二个方法非常简单，同样也是帮助适应陌生人眼光的方法。坐地铁的时候， 自然地看向坐在对面的人。要小心不要盯着一个人看太久，否则容易引起误会。像在地铁里做小生意的人那样去说说话也是非常好的办法。这也是只愿做笑星的学生们实际应用的方法之一。

第三个方法是教大家如何锻炼和初次见面的人搭话的方法。在午餐时段去餐厅的路上，可以碰到很多可以用来实践这个方法的陌生人。在汝矣岛就的的确确有很多，他们就是替餐厅发传单的人。

有人搭话的时候，这些人有义务必须亲切地回答。所以，路过这些发传单的人的时候不要不耐烦，接过传单，灵活点儿开口搭话吧。

问问“这家店什么东西最好吃”“这里应该怎么走”“人多的话有什么优惠吗”等等，想到什么就问什么，方法多多。他们是不会引起任何误会的聊天对象，积极利用起来吧。

如果说话能像连珠炮一样快的话，人就会更有自信。这里有个好例子，刘在锡在《Happy Together》中做节目介绍的时候，台词就说得好像连珠炮。希望大家有空就多练练。

一箭双雕，一举两得，两全其美，二者兼得，一石二鸟的娱乐时间！既能全方位观察明星们的秘密，又能拿到生活中用得到的日常用品。《Happy Together》的独家精品节目，明星猜谜，原来世界还可以这样！

其实我到现在都还是不善言辞的人，上大学的时候就更没什么辩才了。就是这样的我，曾经走进教室，在一群完全陌生的学生们面前做了一个五分钟左右的演讲。曾在运动场上，对着围坐一圈的学生们说出我自己的想法。曾经在地铁里看着陌生的乘客大喊了一分多钟。

真不知是哪儿来的勇气让我做到这些。似乎那时很迫切，有太多太多想说的话。最重要的是，那时的我很真诚。

如金正云教授所说，我们活着就是为了说话。对于女人来说，说话是确定谁是最优秀存在的手段。女人在聊天的过程中感受幸福。

但是，男人却从未接受过关于语言艺术的教育。最重要的是，韩国男人的问题在于没有谈资，而女人的谈资却很多。

所谓成熟，就是自己的故事变得丰富。现在我们知道了健谈的重要性，那么应该谈些什么内容呢？我们来看看刘在锡是怎么做的吧。

笑星朴永进的嘴唇一直很干，在锡没错过这点。

在锡：来录节目是不是觉得有压力啊？

永进：直到昨天还在想有什么好玩儿的故事，昨天在外面逛到很晚。

当被问到，逛那么晚到底是要做什么？

永进：就想装醉弄点话题出来。

为了说话能把人逗笑，职业笑星们也在呕心沥血地寻找素材和谈资。有一次，刘在锡和姜虎东一起上一档广播节目，他们在节目中说，和永进一样，为了制造点故事出来，两个人经常到处乱逛。

在《Happy Together》第200期特辑中，主持人和嘉宾谈到了各自关于趣事的苦衷和烦恼。丁善姬、金泰贤、金信英、全炫茂等，都是说起话来不逊于人的艺人，可是却都说自己苦于缺少趣闻。

在锡：我们确实是这样。如果有自动贩卖机就好了——口才自动贩卖机。

比如“发生在避暑胜地的事件1号”什么的。

金信英说到减肥俱乐部的故事的时候很搞笑，全炫茂却神色不安地摸着自己的胳膊。在锡没有错过这点，于是说了上面那些话。

在我还是娱乐编剧新鲜人的时候，十分好奇笑星们身边怎么总是事故不断？李辉才过来跟我说：“哥，昨天我去了哪儿哪儿哪儿……”跟我讲发生了什么事儿。我一边笑着，一边由衷地好奇，怎么就有那么多搞笑好玩儿的事儿呢？而且还把登场人物模仿得惟妙惟肖，这多好玩儿啊。李文世、李洪烈和金国振也是这样，每次见面都会滔滔不绝地说些好玩儿的故事。

开始的时候，我想不管怎么说他们都是大众熟知的明星，所以走到哪儿都有故事发生。然而事实不是这样的。当然，有些趣事的发生，在某种程度上是由于他们是名人。但这并不是最重要的原因。

有没有趣事发生，取决于在你的眼里你自己的生活有多精彩。即便是同一件事，在有些人看来也就那么回事儿；在有些人看来却很新鲜，很令人诧异。归根结底，有没有趣事，有多少趣事，其实取决于我们自己。

应该拥有只属于自己的独家故事，只属于自己的轶闻趣事。不必随手记录搞笑故事。仔细想一想自己经历过的事情，仔细想想今天发生的事儿、见到的事儿、听来的事儿、昨天的事儿，如果不是自己的故事，那就想想听到了什么，不论什么事都好。重要的是找到能向别人讲的故事。

这里要强调的重点是，趣闻并不在远处或是书里，它们就在我们身边，也有很多就在我们亲近的人身边，只是我们没能发现它们而已。

刚开始的时候只需一个就够了。按照起承转折的结构把它编成故事，讲给亲近的人听，看看会是什么反应。最好是拿那种即便听过故事后他的反应冷淡，但也不会对你的心情造成什么影响的人来做实验。也许亲人是最稳妥的选择。实验过后，把效果不太理想的部分删掉，将效果良好的部分变得再戏剧化一点。

故事是越讲越多的。申东烨说，像这类的独家趣闻包他那里有好几百个。只要根据不同的场合和对象稍加变形，就能笑翻一大片。

不知道朴明秀之所以一直在出专辑是不是有什么其他的深意。但是在我看来，最终还是为了拥有只属于自己的故事。就像初期用双眼皮的故事引出了许多趣闻一样，专辑也能接连不断地延展出故事。比如这样的故事。

朴明秀是中坚级歌手，据说从来没有忘词的时候，因为都是假唱。仅有的一次，是在他现场演唱《Talala》的时候突然忘词，于是灵机一动把麦克递向了观众那边。针对这件事，刘在锡问道，如果是唱刚推出新歌的时候把麦克递向观众的话可怎么办，让观众吓一大跳可不行。

由李辉才的专辑《Say Goodbye》和李京奎的电影《复仇血战》引申出来的故事历时二十年依然经久不衰。要想像刘在锡一样健谈诙谐，就要用独家趣闻和独家故事武装自己。

有个小贴士：既然是积攒自己的独家故事，那不妨再积攒一下自己的糗事。把自己的糗事一点一滴积累起来，你就离成功越来越近了。

我们完全可以推测出刘在锡在学生时代最擅长的是什么科目。一定是自然！为什么呢？因为他的观察力很出众。刘在锡是笑星界的法尔布（法国昆虫学家）。如果用要一句话来定义刘在锡的诙谐，可以称之为“观察诙谐”。

在以主MC身份主持的第一个节目《明星生存，同居同乐》的第一期中，刘在锡表现出了卓越的观察力。为了消除首次同台的参演人员之间的尴尬感，确定艺人之间的组合搭配，节目里开展了一场比赛。Brian自己一个人没办法跳舞，朴京林立刻站出来和Brian一起跳。Brian扭动性感身姿，朴京林跟着模仿，在锡马上叫停。

在锡：舞蹈很不错，问题是你（朴京林）的表情……好像很解恨一样……

一直给人以好像不会跳舞的印象的金彩妍站出来，犹豫了一下，出人意料地跳起了徐太志的《我知道》的舞蹈。真不愧是刘在锡，说话非常犀利。

在锡：不是，为什么要用自己的拳头打自己的下巴？

并且，从第一期开始，身为MC的在锡就亲身上场卖力地跳舞，给节目画下了一个精彩的句点。

他还拥有留心观察一起录节目的其他艺人，将观察到的东西都变成搞笑的素材灵活应用到节目中的能力。这种能力在《空空嗒恐怖的空空嗒》中大放光彩。在2002年2月21日那期节目中，姜虎东、刘在锡、李辉才和金汉锡身穿历史剧里宦官的服装出场。

所有人都戴着宦官的帽子，姜虎东用肃穆低沉的声音叫开了《空空嗒恐怖的空空嗒》的大门。

在锡：我发现了一件很好笑的事。

辉才：不要做人身攻击啊。

在锡：不是人身攻击。

要说这件好笑的事儿，这是帽子，对吧？（摘掉虎东的帽子戴到自己头上）我戴也合适，（又扣到虎东头上）姜虎东戴也合适。我以前就常说，姜虎东的头围大小和我们是一样的，他是脸大！

全体爆笑，虎东在在锡开口之前就已经向在锡双腿之间攻击过去了。指着姜虎东的头的时候，大部分人都会说他的头大。可是刘在锡却利用自己独特的观察力巧妙地发掘出了不同的笑点，引得大家放声大笑。

曾经只有一两个主持人上场的娱乐节目，现在改成了团队主持，好几个主持人共同出镜。于是，为了尽量给自己多争取一点镜头，参演人员之间自然就产生了竞争，侧耳倾听对方的话或是仔细观察对方的反应不再那么容易了。

然而，不论何时，有趣的状况从来都是由关系中创造出来的。因此，暂时把自己放一旁，认真倾听别人的话，观察别人的行动，才能从中挑出优质的谈话素材。虽然准备好自己要聊的话题是最基本的，但是只要带着对其他人的关心，提前做好功课，在现场仔细观察，也能制造出精彩的谈话和状况。在这方面，刘在锡做得相当出色。

他一直在观察。不论是和自己一起主持节目的MC、固定班底和特邀嘉宾，还是一直关注着自己这些人的制作组，他一直在观察所有和自己共处同一空间的人和事物。出演人员随口说的几句话或随意做出的某个动作和表情，甚至是发型和着装，在被他的雷达扫描到的瞬间，都将成为他的好素材，被用来提升节目的品质。

这种观察的力量，当然不是一朝一夕就能获得的，也不是两三天就能练就的。它需要我们在相当长的时间里一直保持对所有对象的好奇、窥视、观察，训练自己破译其特性，徐徐地积累功力。

在《无限挑战》里互相交换角色的“交换”篇中，刘在锡扮演朴明秀的角色。对此，朴明秀是这样评价刘在锡的：

“刘在锡真是个天才，我就好像灵魂出窍在看自己一样。”

不知道是不是因为这个，不知从何时开始，朴明秀说自己在观察刘在锡。亲眼目睹刘在锡给卢洪哲贴上疯子、低劣舞蹈的标签，为郑亨敦创造腼腆的胖子的角色。他在努力地观察刘在锡。让我们再来看看更能显示他卓越的洞察力、爆发力和才华的情景吧。

那是沈惠珍出演《Happy Together》的时候。

在锡：沈惠珍女士以美貌出名，朴美善小姐又是以什么出名的呢？

瞬间，朴美善鼻涕横飞。在锡没放过她。

在锡：是以鼻涕出名的吗？

歌手郑在型在《无限挑战》“我也是歌手”篇的中期检阅中被选为MC，他上场的时候，最先发现他脚上的金黄色运动鞋的就是刘在锡。那双鞋怎么看都是一双给人以奢华之感的鞋。但刘在锡的洞察力却不局限于此，在看到那双鞋的瞬间，就已经把它转化成搞笑的素材了。

冬奥会特辑中，《无限挑战》队伍聚集在跳雪台前。在开场环节，队员们要介绍各自所属的国家代表队。被选为美国代表队选手的吉成俊一摘下帽子，头上稍稍冒了点热气，在锡没错过这点。他捕捉到了这个细节，将热气夸张地形容成了圣火。

只要仔细观察每一个自己遇见的人，就能轻松地找到搞笑的素材。当然，观察的前提是对对方的感情。

如果仔细观察刘在锡主持的样子，就能发现他经常会特别重复对方的话或动作。这在其他大多数MC身上是很难发现的。先来举个例子看看他是用什么方式模仿对方的话和动作的吧。

2009年，时隔很久之后，wonder girls再次走进《Happy Together》的摄影棚。在“真心话，那是你”这个环节里，大家要倾吐对彼此的看法。wonder girls拿到的题目是“第一印象不好的人”。

金瑜斌选了禹惠林，理由是不喜欢有人中途加入。事实上，禹惠林确实是中途加入的成员。这时，稍有不慎气氛就有可能变坏，禹惠林偷偷地做了个鼓腮的表情。

就在那一瞬间，在锡马上模仿禹惠林做了个同样的表情。看到他这样，wonder girls的所有成员和节目固定演员都爆笑出声。在刘在锡的娱乐魔法之下，就连曾经公开表示自己毫无娱乐感的安昭熙都跟着做了那个表情。

同一时期，wonder girls还上了《乘胜长驱》节目。节目中有很多地方被问到了对于更换队员这件事的看法，以及现任队员对前任队员的回忆。即便没有这些问题，新近加入wonder girls的禹惠林就已经很有压力，表现出很尴尬的样子了。与此相反，《Happy Together》的主持人就更加注意照顾禹惠林的立场。

明秀：朴美善刚刚中途加入节目那会儿我也觉得很不方便，还犹豫要不要给编导打电话。

在锡：申凤仙中途加入的时候我们几个也嘀嘀咕咕的，觉得她眼神不正常。

像这样，机巧地模仿对方的言辞或表情，能够让对方知道自己对他的处境感同身受，使对方的心情放松下来，带动大家一起照顾对方的感受。

模仿，就是把对方说过的话和做过的动作重做一遍，从而使对方再次成为焦点。尤其是在有新人出镜的情况下，这个方法在帮助新人获得关注方面相当给力。所以，在《RUNNING MAN》草创期那会儿，第一次上娱乐节目就选择了《RUNNING MAN》第13期的Lizzy（After School）才会一口一个刘在锡老师、刘在锡老师地叫着：

“录《RUNNING MAN》的时候，刘在锡老师会反复模仿嘉宾的言辞和动作，这让人非常开心。”

Lizzy：（可爱地）哥哥——

在锡：喊“哥哥”的时候也不是随随便便喊，（模仿）哥哥——

Lizzy可爱地喊道“哥哥——”，在锡马上跟着模仿了一下，让出演人员和观众都再次注意到了Lizzy。没过多久，笑星张东民疲惫地打了个哈欠，被在锡抓到了。如果是其他主持人的话也就轻轻放过了，最多说句“看起来有点累啊”。在锡却滑稽地重现了打哈欠的场面。于是，东民装作打哈欠的人不是自己的样子，让笑料变得更加好笑了。

喜剧演员的基本技能就是“模仿”。独角戏的传奇人物白南峰和南宝源等人的重要武器也是模仿。模仿能够自然地引发笑声。口技和模仿唱歌之所以是个人才艺的基础，也正是由于这个原因。

虽然刘在锡总是说“我没什么特别的个人才艺，也没什么特别突出的地方”，但是有一样他确实非常擅长，那就是模仿。重现刚刚发生过的事，不只搞笑力度强大，还能让提供模仿素材的人和模仿的人都受到关注，是个一举两得的技能。

朴俊奎和张根硕等人曾上过《来玩吧》。张根硕非常认真地谈

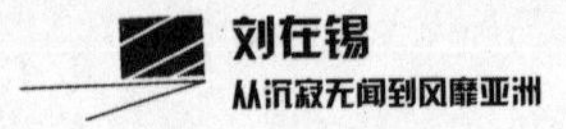

到了女朋友的话题，说到女朋友的电话连着三天一直打不通，问女朋友是怎么回事，女朋友说电话坏了。一看通话记录，上面有数十通来自同一个没保存的陌生号码的来电记录。趁着女朋友去洗手间的工夫，张根硕拨通了那个号码，居然是个男人接的。

朴俊奎嚷道，这种女人怎么能就这么算了？等她从洗手间一回来，就应该立马说："呀，一边儿去——哎呀，一边儿去——走，走——走——"在锡说："怎么像在撵小商小贩啊……"一边说还一边模仿朴俊奎的话和动作，引得现场哄堂大笑。

所以说，模仿在制造欢笑方面有多重效果，是种很实用的技能。希望读者朋友们从今天开始就努力实践这个技能。要想模仿别人的言语和和动作，就需要细心观察。要想观察，就需要对对方有同感，有感情。说到底，模仿其实是一种爱的方式。

2012年5月27日，为了挽救下滑的收视率，《两天一夜》举办了一次特别的大会，就是第一届娱乐团结大会。大会开始前要朗读入所宣言，由金承佑领读。

一、娱乐在于呼应。在任何时候，我们都将全力以赴做出呼应。

二、娱乐在于体力。

三、娱乐在于积极向上。

虽然第二季开始后，收视率有点萎缩，但《两天一夜》依然和《无限挑战》一起，并称为韩国娱乐界的两大雄峰，是和《RUNNING MAN》一起构成韩国娱乐界三国鼎立局面的强势娱乐节目。那些能力卓绝的编剧、编导和演员阵容一起绞尽脑汁创做出的娱乐宣言，第一条就是“呼应”。

大约三年前，科学家、韩国科学技术院教授郑载胜曾针对刘在锡提出过一个挑衅性的话题：“我们都被刘在锡骗了。”

在郑载胜教授看来，听了刘在锡开的玩笑之后，完全可以理解为：一个笑星虽然并不突出，但他却能在娱乐节目中占据独一无二的地位，这点很令人好奇，其中的秘诀就是呼应。

本书写的就是刘在锡的幽默。大家可以看到，书中基本没有引用什么学者或知名人士的话。仅有的那么一次（想想是哪里吧），其实也是为了向大家证明我也是会引用名言的。

据郑载胜教授说，《笑声：科学调查》的作者，马里兰大学心理学教授罗伯特·普罗文（Robert R. Provine）针对一千二百名在马里兰大学校园里大笑出声的人进行了谈话内容分析。结果表明，在谈话的过程中，因为玩笑或有趣的故事而露出笑容的人情况只占10%~20%，大部分情况下都是在日常性的对话中获得欢笑的。

如果人们对谈话的对象露出笑容，表示出好感，那么谈话本身就会变得很愉快，从而使人更容易笑出来。也就是说，并不是只有说笑话、开玩笑才能使人笑容满面。

范德堡大学心理学教授乔恩·巴卓罗斯基（Jo-Anne Bachorowski）让男女测验对象听不同的笑声，然后调查“最具好感的笑声”是哪种。在测试对象听了轻轻的笑声以及捶胸顿足的放声大笑等各种笑声之后，向测试对象提问听了哪种笑声之后会产生想与其交往的想法。

结果是，所有人都对像唱歌一样高昂的笑声抱有好感。刘在锡的笑声就比较高昂，这是他自己也知道的。

在我们的大脑中，有一块感知区域，就位于颞叶附近，它让我们很容易在听到别人的笑声时跟着笑出来。并且，人们有种倾向——如果当时笑了，那么以后自己就会自动分析成“当时很有趣，所以笑了”。因此，没准儿我们所有人都被刘在锡骗了。

结论是，刘在锡很善于呼应。而呼应在制造笑声方面又是种非常重要的技能，是基础。

呼应，也叫敲边鼓。如果在搞笑方面缺乏自信，那么只要呼应得好，也能拿到合格线以上的分数了。若是善于呼应，就能使说话的人更加兴奋，呼应的力度就会更大。于是，一种愉悦有趣的整体氛围就营造出来了。

但是，可别小瞧了看似简单的呼应。要做得好，并不像想的那么容易。《Happy Together》中，当吴在美、南希锡、金洙容和金淑上场的时候，刘在锡总是一如既往地做出最棒的呼应；朴明秀却是一脸不愉快的表情，没有任何反应。当然，这其中有角色设定的问题。朴明秀的个人设定就是衬托其他人的搞笑。但是，从中不难看出，呼应并不简单。刘在锡无疑是在灵活地利用朴明秀的这种样子积极地制造笑料。

最起码要有一颗能够接受幽默的心，才能做出发自内心的呼应。但若是抱着“看看你能多搞笑吧”的念头，对方甩出来的幽默就变成了“幽默”。

首先要敞开心胸。如果总是说："嘿！不许笑！""现在是笑的时候吗？"那再搞笑的幽默也是行不通的。"笑倒了。"为什么笑了之后会摔倒呢？只要笑声相通，笑声就是最佳的沟通方式。但是，如果不相通的话，也能气死人。

虽然有些不可思议，但是韩国人确实有点那样。对魔术的态度也是。国外的魔术观众就只是享受魔术表演而已。相比之下，韩国的观众却想着"一定要找出来到底藏哪儿了"，两只眼睛瞪得大大的盯着看。如果是两个人一起看节目，还会分工合作，系统地监察。"嘿，你看右胳膊，我看左胳膊。"可以借黄贤喜的表现来想想看。到底为什么会这样呢？

对于幽默来说，听的人比讲的人更重要。不同的呼应程度和性格决定了其所对应幽默的质量。刘在锡擅长的正是这个。

世界上有搞笑大比拼，却没有敲边鼓大比拼。歌曲总是听了又听也不嫌烦，每次听都会有新见解。幽默却是听过一次之后就基本失去生命力了。所以，幽默很难。

所以，知道多少搞笑的故事并不重要，重要的是不论何时何地和谁在一起，都能保有一颗能欢笑，能让心变得温暖、心情变得愉悦的心灵和姿态。当然了，如果在此基础上还兼备通过练习获得的技术，就可以直接做艺人了。

我认识一个编导，总是工作一结束就直接回家，而以前他并不是这样的人。一打听才知道，他是去钓鱼了。为什么钓鱼呢？原来，他是在家附近的网吧玩儿钓鱼游戏，晚上十点的时候要参加比赛。

我很好奇究竟是什么钓鱼游戏让他这么入迷，于是就跟去看了看。钓鱼的时候可以买手感之类的装备用以炫耀，这点看起来和其他的钓鱼游戏没什么不同。

不过，只有一点——在垂钓处，玩家们的可爱角色走来走去，可以互相问好，还可以对话。如果对方说了什么有意思的话，可以敲 “哈哈哈”。敲字的瞬间，自己的角色就会咯咯咯地大笑着整个向后倒过去。当然不是在地上打滚胡闹，看起来可爱极了。看，呼应在钓鱼游戏中也是有生命的。

如果有哪位朋友不管再怎么勤加练习，再怎么努力背搞笑段子也做不出搞笑的效果，那就请走入这个领域，走进呼应的世界来吧。我确定，在这个世界里有更深层次的笑声。

在世界上所有的游戏中，我最喜欢的就是语言游戏。我说的可不是“嘚儿——驾”的那个“mal”，而是语言的“mal”。（译者注：韩语的“马”和“语言”写法与读音相同，都是말，国际音标为“mal”。）可惜的是，现在享受语言游戏的人越来越少见了。

玩起语言游戏的时候，所有人都会停下手中的事情，盯着看过来。语言游戏拥有使人上瘾的神奇特性。第一次做语言游戏的时候可能会露出觉得这个人神经不正常的表情，可是两三次之后，就会笑出来了。虽然那笑也可能是表示放弃。

我之所以对组合的名字如此敏感，是因为很久之前看了某个人写的一篇指责秃鹫五兄弟的错误的文章，觉得深有感触。“秃鹫五兄弟”中错误太多了，简直不知道该从何改起。组合中有女性，所以先得改成秃鹫五兄妹。还有更严重的，组合里不只有秃鹫。

只有大哥是秃鹫，其余的人分别是神鹰、天鹅、燕子和猫头鹰。总而言之，秃鹫五兄弟应该改成“鸟类五兄妹”才对。

做《星期天晚上》的时候，编导和编剧们非常钟爱并享受文字游戏。开会的时候，如果有谁牵起个话头，大家的注意力就会从想创意上溜开，跑到玩儿文字游戏上去。这种情况简直像家常便饭一样屡见不鲜。比如说，正开着会呢，某个艺人戴着帽子进来了。

——哎呀！帽子不错呀？

——看起来是不是有点不足之处呀？（韩语中“不足”和“帽子”谐音）

——有什么了不起的（韩语中“有什么了不起”的缩略语与“帽子”谐音），笑什么笑？

——这帽子简直太配我妈妈了。

游戏进行到这里，已经完全顾不上开会了。大家关心的是谁的文字游戏最绝，简直能听到脑袋在嗖嗖嗖转动的声音。

拿“帽子”玩儿了一通之后，到了再也找不到其他说法的时候，就要做最后的挣扎了，就像下面这样。

——（沉浸在思考中的表情）顺便说一下，上高中的时候，我喜欢的那个冒子现在在做什么呢？那个叫“朴冒子”的，他姐姐叫

“富子”。

——（在纸上刷刷地写出“冒”字给大家看）这也算是“帽子”吧?

就像这样。

不太搞笑的笑星李允锡把笑当成一种学问来研究，在他的著作《笑的科学》中，他用一个挺有文化的说法——应用“同音异义词”的原理的语言游戏，来定义文字游戏，并称之为诱发笑声的重要装备。例如：

你会出头的（青春痘）

我会推你一把（在悬崖边）

京奎：要交往得找个能理解国振（“金国振”的名字和花图中的“菊俊”发音相同）的女生。

允锡：师太吗?

刘在锡也很喜欢玩文字游戏。

金俊浩：以前大家都叫我大田车仁表的。

在锡：不是大田车票吗?

从大多数人常玩儿的文字游戏来看，文字游戏是有级别之分的。首先是“布衣”级，也就是简单地说些有关联的话，没什么特殊含义。

SAN兔子的反义词是？——死兔子（译者注：韩语中的“活的”和“山”发音相同，都是“SAN”）。

简直要被你搞疯了。—— 那我搞雨吧。

很多情况下，人们一施展这种文字游戏神功，气氛就会变得很尴尬，电视画面上会打出字幕“……”，或有只小鸟飞过。

接下来是“高手级”，这个级别的文字游戏就有点意思了。

朴明秀和哈哈即将比试赛跑，可是没有任何人给朴明秀加油。

在锡：真是太不像话了。

再来看看“超高手”级的文字游戏吧。虽然是在玩文字游戏，却能给人以很有思想的感觉。

下面是朴明秀开炸鸡店那会儿，他和刘在锡的一段对话。

明秀：对，我也因为家里条件不好捡过空瓶子。用换来的钱买文具，补贴家用……

在锡：一天能捡多少个？

明秀：碰见多少捡多少。

在锡：啊！原来你从那时候开始就和鸡结下了不解之缘啊。

（译者注：韩语中的“碰见”和“鸡”谐音。朴明秀开了一家连锁炸鸡店，所以刘在锡用“鸡”和朴明秀开玩笑。）

在锡充满机智的文字游戏拯救了朴明秀逐渐乏味的谈话。

大家可以参照这个范本练习一下比较有价值的文字游戏。比如，要对在锡说的鸡的相关语表示感谢，可以这么说。

明秀：是啊。就因为我捡了很多空瓶子，后来参军的时候才去的空兵连啊。

不久之前，我也在推特上试了一把这种境界的文字游戏神功。也不知道是不是话题太敏感了，我的神功没被看懂。那会儿正是民间非法调查事件闹得沸沸扬扬的时候。上推特的时候，我看见有人提了个问题：

“大家好，请问教师非法调查究竟是什么？”

瞬间，我发动了自己的游戏神技，马上就提交了答复：

“佛法寺院就是历史悠久的、弘扬佛法的寺庙。很久之前，有传言说佛法寺院毁于火灾之中，实际并非如此。”

我以为自己是在借用文字游戏的形式嘲讽现实，还挺自我陶醉的。没想到刚过了一会儿，就看到了这样的回复：

“看来，应该普及一下非法调查的意思了，居然还有人以为是什么佛教寺庙呢。”

这让我纠结了半天——我要不要回复这条消息？

顶级的文字游戏神功级别是“神”级，一般不轻易现身。在《来玩吧》中，刘在锡就曾经施展了一次。

到了《广播明星》的主持人上场的时候，他们和九拉一起聊起了刚合体没多久的SUPER JUNIOR和曹圭贤。问道，《来玩吧》的MC变成了《广播明星》的MC，感觉如何？

圭贤：做嘉宾的时候很放松，可是在《广播明星》里我做的是MC呀，所以怎么说都有点……（不容易）

九拉：那就把自己当嘉宾吧。

把对方的话原封不动地还回去，典型的金九拉式对话。在这种情况下，当事人曹圭贤又不是什么聊天高手，于是有点接不住了。把接话茬当乐趣的尹钟信也觉得没话茬可接。这时，刘在锡说了一句话，大家当场就笑翻了。

在锡：可以折中一下嘛，固定嘉宾。

之所以说这句话境界很高，是因为它不仅用一句话综合了两方的意见，还表现出了在锡的品性。把形势引到了双方都不受伤，都很愉快的方向上。

事实上，社会上还存在一种贬低文字游戏的倾向。语言是充满诗意还是平平淡淡，完全取决于其是否“押韵”，押得好不好。RAP也是。

以上是我自己划分的文字游戏的级别，请大家不必太在意，无条件去做就好。能持之以恒的人，一定会变成会搞笑的人。打棒球的话，命中率能到30%也算逆天了。所以，玩儿十次文字游戏，有三次能把人逗笑就可以了，对吧？

前面提到的郑宰胜教授是一位很会写文章的大众科学家。近来他做了一项研究，主题是：“为什么职业棒球选手中没有命中率达到40%的选手？”如果他能做一做关于笑的新颖课题，那该多有意思呀！

同样的话，有些时候很逗笑，有些时候却显得很没有意思，这是由于说话的时机不同。前面的娱乐守则中写到过，最重要的是呼应。从对话的整体氛围来看，呼应非常非常重要。当对方试图幽默的时候，呼应又是需要站在防守的立场上才能实现的防守技术。

从这点来看，攻击时，把握时机是相当重要的守则。当然，对于防守来说呼应也是很重要的。简单地说就是，呼应是用来防守的，时机是用来攻击的。

刘在锡也说了，搞笑的生命就在于把握时机。再怎么搞笑的话，如果错过了时机就都徒劳无益了。把握时机难就难在不能早也不能晚。要恰恰好，要适当，要一下子抓住那个空隙切进去。好像还真没什么好办法能解释明白。

作为一个电视编剧，被问到的第二多的问题是："那人说的话，是台本上写好的吗，还是他自己随意说的？"

我一般这么回答：

“台本上有基本架构和层次，还有一些必须得说的台词，但是到了现场也不能完全照着台本来。所以说，只看艺人会不会在台本上给自己加戏，加得好不好，就知道这是不是个好艺人了。”

台本上写好的台词都是些没有生命力的话。要想让这些语言焕发出活力，就得找准时机，而且还得是好时机。

有期《Happy Together》邀请到了演员金敏俊、赵如晶和金东宇。金东宇说，自己掌握不好到底什么时候才是切入话题的好时机。聊天的时候，把握时机是个相当不简单的技术。岂止是一两次，号称天下第二的朴明秀因为没能把握时机只能连连叹气，摆出一脸难看的表情。不过，金东宇也无须失望，只要轻松地聊天就可以了。顺便说一句，如果演员金敏俊先生在看这本书的话，麻烦给我打个电话。听说金敏俊先生在文字游戏方面有很深的造诣，希望有机会能与金敏俊先生面对面一决高下。

《Happy Together》中，笑星演唱会的“芭蕾舞男演员”队录节目的时候也曾谈到过时机的话题。特别是，刘在锡看出了后辈笑星李胜允的眼睛有点充血，于是安慰他。

在锡：昨天晚上是不是一点儿都没睡呀？

胜允：是啊。

在锡：我做新人那会儿，每次确定要上节目之后，录影前一天都紧张得失眠，结果录节目的时候错过时机，没能搞笑，回家之后又伤心又困。

如果笑星之前只表演过类似《笑星演唱会》这样的编排好的情景剧，那么当他出演娱乐节目的时候就会感觉适应不良，有些迷惘。这是因为娱乐节目与表演内容相对固定的情景剧完全不同。即使有台本，录出来的节目也不会和台本一样，这就是娱乐节目。

那么，怎么做才能准确把握时机呢？刘在锡又是为什么如此善于把握时机呢？有些人天生就在搞笑方面具有非凡的才能。但是对于普通人来说，只能多多积累经验，除此之外别无他法。在这方面，在锡找到了自己独有的方法，并进行了长期的练习。针对“如何使讲话既有爆发力又充满才智”这个问题，在锡是这样回答的。

“没有什么特别的秘诀。之前我录过很多节目，也看过很多节目。我经常会思考，针对什么样的问题，嘉宾会做出什么样的回答，在什么样的节点上说什么话才能显得非常有意思。”

当然，如果认为只要积累经验就万事大吉，不做其他准备，那也是行不通的。崔阳洛的书《自不待言，人生即幽默》中有这样一段话。

“如果你认为即席表演是瞬间爆发的灵感，所以无法提前准备，那你就错了。时刻准备着，将平时思考的东西说得很有爆发力，这才是即席表演。被称为最佳主持人的刘在锡，出了名地很会接嘉宾的话。不论嘉宾说些什么，他都能接住，而且接得很有意思。这正是因为他对出场的嘉宾有足够的了解。要提前做好功课，知道大家都对什么比较感兴趣。要在说的人和听的人之间形成某种黏性，这样才能做出适当的即席表演。想做到这点，就得知道大家到底对什么感兴趣。如果能知道听众的关心点在哪里，那谈话就很容易展开了。”

比如某人准备参加已经很久没有出席的同学聚会。在网上翻了个遍，终于找到一些很好玩儿又不太常见的小故事。席间推杯换盏，处处笑语欢歌。可是某人却没什么笑模样，什么都听不进去。因为他一直在观察气氛，等待合适的时机讲自己准备好的笑话。如果有人给递个梯子就好了，可是大家都只顾着聊自己的。聚会第一轮是烤五花肉，他错过了时机。续摊的时候转移阵地去了酒吧，他又虎视眈眈地盯着机会的到来。

像某人这样是不行的。准备笑话是好事，但是也不能过于执着于此。如果一味寻找时机，那就像等待出击的士兵，十分枯燥。既无法为聚会开心，又无法享受美食，更无法让自己心情愉快，只能无端伤情。不如倾听朋友们的谈话，注意朋友们的表情和动作。

某人应该说的东西，就出自朋友们的闲聊，就出自朋友们的表情和动作。不必多做无用的准备，只要在和朋友们聊天时发现关键点，果断抓住就可以了。都说钓鱼靠手感，其实谈话也有语感。快试试看吧，那滋味相当过瘾！

我的学号是八十五号。大学入学已经二十五年了，毕业也有二十年了。那个时候消失到哪儿去了呢？有时候我甚至怀疑，那是不是一场梦而已？

大约三年前，快入冬的时候，召开了国文系同窗新年会。也许是以前大家都太忙了，现在突然觉得有些无聊吧，在高中当老师的朋友主动联系到了其他人。

国文系一共有四十八人，其中女生八个。这其中肯定有私底下一直保持联系，经常见面聚聚的小团体。但是所有人都参加的聚会，这还是第一次。嗯……四十八个人中，有一个已经过世了，所以是四十七个人团聚。大家年纪都差不多，究竟会有多少人出席呢？谁会来呢？想到这些，我突然发现，如果不看毕业相册的话，我能准确地对上名字和长相的人还真不多。虽然还记得大家的脸，名字却想不起来了。只要有一半的人能出席，就算来了很多人了吧。

十二月的第三个周日晚上，学校后门的某家烤肉店。又不会进到学校里面去怀念一下，为什么非得跑这么远到学校附近来聚会呢？我有些不满。但思绪转眼间就被“马上就要见到阔别二十年的同学们了”的想法填满了。在往十里站（站名就叫“往十里”）下车之后，我直接朝着目的地走去。虽然周围有许多变化，但胡同却没怎么变。主人公就应该晚点出场，接受众人的欢呼。出于这种幼稚的想法，我迟到了将近三十七分钟才进去。哈！现在可以跟大家说聚会来了多少人了，三十六个。也许是年纪大了，所以觉得孤单了。除此之外好像没什么更好的解释。

虽然有几个朋友实在是想不起他们的名字了，但我还是挂着很高兴再见面的笑容和他们握了手。神奇的是，女生的名字我都能想起来。除去我算是编剧界的“超童颜”不说，其他人也都没见老。虽然也许路过的人会想 “叔叔阿姨们在聚会”。那天，我们仿佛回到了二十几年前，既忧国忧民，又忧心前途。当然，现在还担心孩子。

不过，为什么会说到这儿呢……抱歉，想到同学聚会，所以又跑题了。我有几个印象特别深刻的同学：擅长做火焰瓶的“化学人”，砖头扔得很准的女同学“幸州大捷”，一唱歌就跑调的跑调大王，名字叫文和畅的脾气很好的同学……都是有外号的同学，角色很鲜明。还有一个——名字里有个“魁”（韩语发音和字形同“怪”）字的“小怪物”。角色的力量就是如此强大，生命力就是这么持久。

虽然现在的《无限挑战》已经有了明确的角色定位，不管做什么都会有故事发生，但是节目初创的时候可不像现在这样。过去的“天下第一，外国人军团”“刘在锡和感慨万千”之所以没能维持多久，就是因为缺少角色定位。

刘在锡跻身明星行列后，重新抖擞精神投入创作，就是2005年的《无谋挑战》。这个节目的开局也很不好。从第一期来看，介绍各个人物的时候虽然也做了修饰，比如刘班长刘在锡、小聪明表英浩、大力士郑亨敦、唠叨博士卢洪哲、舞者李贞，其中最搞笑的就是“大力士”郑亨敦。所以，在拔河比赛中，郑亨敦一个人对抗三个人。

《无谋挑战》做了六个月左右之后，要更换队员开始《无理挑战》，这时制作组也打算创造角色，不过这可不是件容易的事。因此，节目调整了方向，从户外搬进了室内，一边猜谜，一边集中塑造人物角色。

最终，事事都贪心，样样都要比的朴明秀被冠上了“恶魔”的角色。郑俊河被塑造成了邻居家的傻瓜，哈哈是聪明的老幺，郑亨敦则是不好笑的笑星，卢洪哲是骗子、疯子。随着队员们角色的成功塑造，《无限挑战》渐渐站稳了脚跟。

事实上，卢洪哲的“骗子”这个角色，是他参加“《Happy Together》——朋友们”的时候，他的小学同学们说出来的。之后这个角色一直被保存了起来，又在《无限挑战》中被扩展开来。

据卢洪哲说，下了节目之后在锡也和在节目中一样同演员们一起玩，所以充分掌握了大家平时的性格和习惯、行为等。因此才能轻而易举地抓住每个人的角色特点。

之后，刘在锡在《家族的诞生》和《RUNNING MAN》中表现出了惊人的、切实突出角色特点的能力。

刘在锡到底为什么这么擅长塑造角色呢？他自己曾经说过：

“我没有角色，也没什么个人才艺，但是我很擅长替别人塑造角色。而且我想告诉大家你的角色是什么，这就是我的工作。我总在想，应该怎么介绍嘉宾才好？”

永远站在一旁观察刘在锡的朴明秀也说，亲眼目睹了刘在锡是如何塑造出疯子、劣质舞者、腼腆的胖子等角色之后，自己感到很震惊。表英浩参与了在角色塑造方面不太成功的《无谋挑战》的草创，他也说过，刘在锡总是在试图观察别人的特点，不论说什么之前都要先给人起个外号。

如果有哪位觉得自己的存在感太薄弱，可以尝试一下在介绍自己的时候，像精神不正常一样，加一句“我是OOO”。比如说，“大家好！我是个暖男！”或者说，“很高兴认识大家，别人看到我的时候都叫我‘爱你哟’。像这样，叹口气，说‘爱你哟’。”

这样做的话，人们应该就会重新认识你了。如果是羞于给自己塑造角色的朋友，也可以试试为别人找对角色。不管怎么说，这么做总能提高你成为焦点的概率。为什么呢？因为刘在锡就是这么做的。

我怕只写刘在锡的话，姜虎东心里会有点不是滋味。所以，作为附赠，这里再简单地提一提姜虎东的成功秘诀。姜虎东和我一样，都是1993年进的MBC综艺局。他从一个普通的笑星做起，直到现在，成了家喻户晓的明星大亨。

他没用多长时间，就完成了从一个摔跤运动员到一个笑星的华丽转变。他火了，将韩国娱乐界烧成了一片焦土！从姜虎东身上，我再次切实体会到自己果然没什么发现明星的眼光。

在他一跩一跩地跑着喊道“哥呀”的那会儿，我还想，他也就这样了吧。在那之后过了很久，《膝盖壮士》使我重新去看姜虎东。看到姜虎东在《膝盖壮士》里随意摆布明星和名流的画面，我再次意识到了自己对姜虎东很缺乏了解。真是了不起的姜虎东。

我很好奇，姜虎东如此出色的秘诀究竟是什么呢？姜虎东是如何在那么短的时间里急速蹿红的呢？

我急切地想知道答案。终于，偶然间我从一位喜剧编剧那里听说了姜虎东的成功秘诀。我很惊讶，姜虎东身上居然藏着这样的秘密。

是画，是视觉，是想象。姜虎东每天都要画画，画几年之后自己的样子。不知道有没有人记得，当把摔跤运动员李晚器放倒的时候，姜虎东并没有我们想象中那么高兴，而是一副“自己理所当然会赢”的表情。

摔跤的时候，姜虎东每天都在想象，在画自己把李晚器摔倒的画面。他已经画了数十遍，生动地想象了数十遍。不，是数百遍，数千遍。自己摔倒李晚器的样子，已经是十分熟悉的画面了。所以，他无法不淡然。

走进了严酷的喜剧世界之后，姜虎东的画变了。他的画上是自己在年终娱乐大奖上领奖的画面。他没用多长时间就让这幅画的内容变成了现实。

获奖之后，他的画上又是什么呢？是即使双膝跪地，也要洞察前方一切事物，双颊抹着胭脂的男人吗？现在他的画中，到底是什么呢？真想跟他说，给我看看吧。

第四部

刘在锡访谈新编

Running man

刘在锡是出了名的不爱接受采访。2000年以后，他去别的节目做嘉宾的次数也屈指可数。纸质媒体的采访也是少之又少。

2011年8月27日，《编导通报》发表的一篇文章说："从刘在锡的性格来看他很讨厌接受有些人的采访，常出现拒绝采访的情况。"所以，干脆不接受采访，通过电视节目让大家看到自己。也许很多记者会觉得遗憾吧。我也曾经在会面的时候试图采访他，结果没能如愿。

不过，为了写这本书，我收集整理了很多资料。看着零零散散的访谈记录，我突然想，也许把刘在锡的这些金玉良言汇集起来呈献给大家也很有意义。我写什么样的结尾和注释，都不如用主人公亲口说的话做"ENDING"。

我把这部分命名为"刘在锡访谈新编"。在这个段落中，我将刘在锡接受过的采访中的提问和回答重新编辑了一下。

访谈

《中央日报》	郑贤木 记者	2005年10月18日
《周日新闻》	赵诚雅 记者	2005年10月30日
《杂志T》	蒋明锡 大众文化评论家	2006年5月29日
《GQ》	赵静雅 编辑	2007年12月刊
《Cosmopolitan》	柳成熙 编辑	2008年1月刊
《Edaily》	金恩求 记者	2011年7月14日

听说您的无名时期很漫长？

真正开始做节目之后才发现，事情和我之前想的完全不一样。以前听多了别人夸我有趣，所以自信心爆棚。但是，真正优秀的人都跑到电视台来了。那个时候，我虽然能把面前的这几个人逗笑，但是却很难把电视机前的观众都逗笑。每天都在NG，被剪掉镜头。于是，一开始对我抱有期待的编导们也渐渐不再找我了。有一段时间，我甚至想过不再做笑星了，觉得这不是属于我的路。

可是也正是这些挫折才成就了今天的刘在锡，对吧？是哪些方面成就了今天的国民MC呢？

哎呀，就是非常感谢吧。之前我在领奖的时候说过的话，其实在《无限挑战》里也说过。过去的我吧，认为自己是世界上最有意思的人。就是从那时候开始，梦想做笑星的。我做了娱乐部长，在学校里就算是相当会搞笑的学生了。走进电视台的那刻，我还以为自己能彻底改变电视台呢。那段时间，我对自己的能力的认识完全是错误的。所以才有了之后九年的无名时期。

那时候，我把所有事都赖到别人身上。我比那个笑星搞笑得多，为什么不用我呢？为什么编导老师不了解我呢？而且还不努力。可是那时，我连自己没有努力都认识不到。之后的某一个瞬间，我突然意识到了，当时我以为自己在努力，其实都是错觉。从醒悟到这点的那一刻开始，一切都开始往好的方向发展了。

什么努力？

每一刻都全力以赴，这就可以了。全神贯注，这就可以了。如果球队里有九个能打出全垒打的击球手的话，就看似稳赢了，其实并非如此。九号击球手要做九号击球手该做的事，外场投球手要做外场投球手该做的事，每个人都应该在自己的位置上全力以赴，通力合作。这样球队才能拥有最强的战斗力。现在我已经认识到这点了。

从您主持的节目来看，您好像很喜欢在游乐场上兴致勃勃地玩这种概念？

虽然不是有意做出来的，但是我跟其他人相比的话嘴比较笨，也就剩会玩这么一个优点了。好像是因为这样吧，这一点相比之下就显得突出了。

您还像原来那样喜欢一窝蜂的玩法吗?

是的，当然。我从小就非常喜欢“鱿鱼”、棒球、“炒面”这类游戏。

为什么会执着于类似《无限挑战》这种游戏概念呢?

有很多人问我为什么会转台，为什么会做那个概念，是不是没有创意啦?从我个人角度来讲，与其说我是执着于《无限挑战》，不如说我是在实现自我。我想把我在成长过程中感受到的自卑和痛苦都集中到一块儿，把它们表现出来。设计调查问卷的时候，既有“谁的嘴唇让你有想吻的冲动”，也有“特留司”（这个名字在韩国卡通片里被视为英俊、能吃苦、又很浪漫的男性代言符……虽然每个人都在内心深处渴望自己就是“特留司”，但是很明显，如果话没说好的话，肯定会被人说是够倒霉）。所以，我想通过这样一个机会，把藏在内心深处的，也许要藏一辈子的渴望一个一个地都掏出来。

当时是什么样的情形?

我不知道我在做的是成长型综艺节目还是其他的什么东西，就是觉得那东西很有意思。刚开始做《无限挑战》的时候也是这种情况。那会儿，正是《寻找X-MAN》《恋爱信》等很出色的艺人来出演的节目很火的时候。再加上，像我这样，《明星生存，同居同乐》之后又做《寻找X-MAN》，再做形式类似的节目其实挺难的。所以，制作组那边又议论起来，一直讨论该做什么样的节目。

真的，不是说就让我做这个，就是随便问问我，随便说说的。于是我就跟制作组说了，同一时期里，KBS有《泡沫》一直很受欢迎，SBS有虎东的《恋爱信》人气爆棚，在这种情况下还有什么是不愿意做的？挑战一下吧！这样反而能和花样美男们区分开来。不过我提出的点子都是玩打棒儿或抽陀螺什么的，哈哈。就是要将现在人们不怎么玩的传统游戏“换个新方式玩儿”。当时的创意主旨就是这样的。但是，制作组那边下结论说，这个比较困难。打棒儿或抽陀螺这样的传统游戏本身形式很固定，要想每周都换新花样的话太难了。所以，最后就确定了只要“挑战”这个创意主旨。于是就有了《无限挑战》的地铁赛跑之类的挑战。虽然节目就这么启动了，但是刚开始的时候真的很艰难，收视率才4%。不过，很多人在等着它。观众们、制作组、电视台高层等，都在等。

看您在主持的时候，和嘉宾玩得正融洽呢，突然回归到MC的身份上，还可能会打断对方正在说的话……

这个吧，首先要彼此关系很亲密才行。虽然构成搞笑的要素有很多，但我认为其中最重要的就是“时机”。笑也在于时机。举个例子，主持的时候，会发生中途打断某人的话的情况。对方正滔滔不绝地说呢，如果选对了打断对方、切入话题的时机，说“啊，是的”，就有可能引发爆笑；选不对的话就可能会很尴尬。

身为MC，而且是演滑稽喜剧的MC，这让人很感兴趣。

申东烨、金勇万、姜虎东，他们和所有的前辈们一起演过情景剧。他们都认为把滑稽喜剧这种欢笑的形式安排到一个合适的位置是件好事。我觉得，在有些情况下，说一百句话也不如做一个动作更能让人捧腹大笑。

可是这些人专门做滑稽喜剧的时候好像都失败了吧。《喜剧天下》效果也不太好。

对。就事论事地说，确实失败了。

从某个时间开始，就很难在别的娱乐节目里看到刘在锡先生了。您变成了一个不公开私生活的艺人。

主持了很多节目之后，就很少像以前那样有机会去做嘉宾了。我本身可以说基本没有私生活这种东西，也没什么可说给大家听的故事。

作为一个超级明星，大众对待刘在锡先生的态度却好像对待一

个普通人。身为巨星MC，居然也和普通人一样担心自己什么时候被炒掉?

啊，确实很担心，尤其在改编季非常不安。有做了两周就消失的节目，有拍了但是播不出去的节目。其实很卑微。以前的话，这种不安也就是我们这些人自己藏在心里。不过现在观众们也很理解这个职业的悲哀了。所以，我们这些人也可以在节目中拿这个话题开开玩笑了。

您出道之后主持过很多的娱乐节目，您觉得身为MC，最重要的是什么呢?

不以物喜，不以己悲。我做了那么多节目，失败的比成功的多。当时非常生气，可是如果没有那些失败的节目，我也不会是现在的刘在锡。

为了做一个成功的MC，您平时有在学习什么东西吧?

我经常看自己做过的节目和别人做过的节目。虽然我现在主要是做SHOW和娱乐节目，但是我也很喜欢看其他类型的节目和电影。

不久之前，我采访金勇万先生的时候，他说平时会把“聊天”当成一种搞笑训练方法。

这我倒是不知道，不过确实很有帮助。聊着聊着就会产生互相竞争的心理，觉得不管怎么样一定要搞笑。当我很彷徨，犹豫要不要就此放弃做电视的时候，金勇万前辈给了我许多规劝。他教我“经常凸显别人，该爆发的时候就应该鲜明地摆出爆发的样子”，到现在我还一直把这些当作金玉良言。他认为，身为前辈应该为后辈们做的，不只是请吃饭而已。

您总是很积极地模仿参演嘉宾跳的舞蹈，这点让人印象非常深刻。

兴致来了就有点控制不住了。具俊晔大哥都站出来跳舞了，我怎么能坐得住？而且，录像时间很长的。不只是我，其他参加演出的人也都很疲惫。所以，为了提兴，让现场气氛不至于冷掉，偶尔是要稍微疯一点。

您负责的节目都很长寿啊？

这也不是我一个人努力就能做到的，对吧。是因为所有演职人员和制作组成员都非常尽心，所以观众才喜欢，节目才能走得远。

作为一个MC，你觉得自己有什么优缺点？

在当时的情况下由于兴致所至做出的一些举动，过后再看，有时会觉得太吵闹了。所以，对那些想看看电视放松放松的观众们感到很抱歉。自己说优点的话，太不好意思了。我觉得做事很努力应该算是一个优点吧。再有，录节目的时候偶尔会觉得很累，这时我会很注意不要表现出来。

您总能为参加节目录制的艺人营造出很舒适的谈话氛围，请问有什么秘诀吗？

首先，要让其他参加演出的人多说，自己少说。即使嘉宾们说的都是些不着边际的话，也要给它贴点肉，让它变得有意思。不然的话，嘉宾该多难为情啊。再有，对于机智的回答，一定要笑得大声一点。

感觉上，您在用自己的坚韧克己拒绝主流社会成年人的生存方式。不喝酒，也不和大家一起玩儿。

首先，我一直都不太能喝酒。至于在外面不太能玩儿的话，是因为不管是《无限挑战》还是《寻找X-MAN》，都有很多需要身体力行的地方，录起来很不容易。尤其是我又不喝酒，所以只能挺着。

作为一个出道十四年的“中坚”MC，现在会不会抗拒“蚱蜢”这个外号？

怎么会抗拒呢？因为这个外号才会有今天的我呀。我真心感谢给我取了“蚱蜢”这个外号的丁善姬。

您认为，现在的MC事业能走到什么时候?

每周都危机重重。从我出道到现在有二十年了，在这二十年里，从没有不危险的时候。

作为一个MC，有什么样的处世哲学?

我认为，要让演职人员和观众都感到愉悦。所以绝对不会提出会使嘉宾感觉不舒服的问题。不过，有很多时候即便我不问，嘉宾也会在录节目的过程中自己先提出来。

作为一个MC，你有什么梦想吗?

我希望，在将来的某个时间，能把现在我站的这个位置自然地交到后辈们手中。那时候，我会去后辈们主持的节目里做嘉宾，帮助他们发光发热。

一般的MC们都把单人脱口秀视为终极目标。您呢?

我没有这种想法。我很享受现在正在做的事，所以我希望能做很久，只要持续久一点……只要全力以赴就可以了。我也不懂什么，又不会个人才艺，又不擅长什么事情，所以得努力才行。

姜虎东信奉的娱乐，申东烨心中的娱乐，娱乐对于每个人的意义都不相同。那么，刘在锡定义的“娱乐”是什么呢？

怎么说呢，不太清楚，不过我考虑过这个问题。我想，只要不是使他人不愉快、不舒服的事情，那么人们能做到的一切都可以称为娱乐。

写在最后

我写这本书的理由

Running man

几个月来，我彻底地认识了刘在锡。虽然尚有很多不足之处，但确实为了解他而努力了。梦想成为他那样的人，因而好好地研究了他，还暗下决心一定要拥有他那样的谈吐。

还有个私人的原因，是为了没能迎来新千年，而在1999年去世的父亲。

和刘在锡一样，我也是个很少和父母交谈的人。特别是和父亲，几乎没能好好地说过几次话。虽然看照片的时候能够发现，每到周末，父亲、母亲、三个姐姐，还有作为幺子的我，一家五口人总是出去游玩，但我几乎想不起来曾经和父亲谈论过什么话题。

小时候，父亲经过钟路武桥洞的时候，会到一个叫丰年糕点的面包房给我们买面包。因为那时候经常吃，所以我也很喜欢面包，还给自己取了个网名叫“帮主”（韩文中面包的发音为“帮”）。那时候还想，长大以后要开家面包房，或者跟面包房老板的女儿结婚也不错。我并不喜欢装饰得花里胡哨或者有各种各样馅儿的面包，而是比较喜欢切片面包、法式长棍面包或者奶油面包这种简单的面包。

因为面包多少和父亲说过几句话。总之，长这么大，没怎么和父亲有过像样的对话。对我的选择，父亲也只发表过一次意见，是我考大学落榜的时候，父亲有些难过地说了一句“没想到荣柱会落榜啊”，仅此而已。

我也因为落榜而受了很大打击，听了父亲的话，就回房拿出吉他泪流满面地唱起了歌。现在回想起来，虽然想不通当时为什么会那么做，但那时的情景仍历历在目。

那是一首叫《荣山江》的歌。第一句歌词就是“还不如哭一场”。当时作为一个高三学生，唱这种歌还有些早。但已经是大学生的姐姐们经常唱起，所以我也耳濡目染地学会了。严酷的1983年冬天，作为高中生的我，已经熟唱金敏基、韩大洙的歌了。

不管怎么说，父亲发表了意见，无非就是对我的落榜感到失望，也是因为姐姐们都是一次就考上了大学，以为我也一年就能考上，而我居然落榜了，略感意外。

第二年，我成了大学生，在纷乱的时局下参加了学生运动。即使如此，父亲也没有大声说过什么。哪怕是几个月不回家，或者被抓到警察局又被释放，高喊着“2天1宿”回到家后吃着母亲做给我的豆腐时，父亲也只是那么不言不语地望着我。入伍的时候也好，2门专业课挂科足足念了9个学期才毕业的时候也好，成为电视编剧的时候也好，就连我说要结婚的时候，他都未曾发过一言。

甚至是1999年那年，父亲在姐夫的劝说下去做体检，得到了肺癌晚期的诊断时，他依旧没说什么。

抗癌治疗的中途，父亲放弃治疗回到了家，那时我觉得我应该和他好好谈谈了。但他没能等到我开口。没想到父亲那么快就去世了。从确诊到离世，只经过了两个月。在重症监护室期间，只和我用笔对过几句话而已，我写下来，父亲用眼神回答。

我之所以向刘在锡学习说话的方式、幽默的方式和游戏的方法，就是为了在活着的时候能和身边的人愉快地相处。另外，还有一个原因！就是希望等我死后再见到父亲，能够和他畅谈今生没能说完的话。

那时，我将俯视芸芸众生，策划一个天国最棒的父子脱口秀。从事企划、编辑、创作脚本等工作三四十年的话，或许能做成震惊宇宙的节目也未可知。

我们父子俩也将成为两位主持人，邀请更多已故的人参加对话，畅所欲言，揭开生活的另一页。THANK YOU，刘在锡。

在《因为痛，所以叫青春》的作者金兰都教授的办公室里，摆放着一座不走动的座钟。金教授有意拿掉了电池，每年到自己生日的那天，他就把指针往前拨动18分钟。并向我们提出问题：

“你认为，自己的人生已经过了多久？”

如果用24小时来形容人从生到死的过程，那么请算算，你现在活在几点？即便马上就要死去，满打满算我也已经有46岁了。我觉得，我活得够久了。用人生时钟来算算看吧。假设韩国人的平均寿命是80岁，那46岁是几点呢？

人生时钟的计算方法如下：24小时是1440分，分成80年的话，1年就是18分，10年就是3个小时。

我的年龄时钟只到下午1点48分而已。刚刚用过午餐，充满活力的下午正要开始。

人生时钟，很神奇地，能给人以力量。当然，也有一定的欺骗性。因为它是从午夜开始算的，这真是一种使人心情愉快的算法。不过，就应该积极地去上这种计算方法的当。这样，才能提起精神来。

我用人生时钟统计了一下电视机器刘在锡的人生。

1972年8月14日出生于首尔。

上午5点42分(19岁) 1991年	荣获“第一届KBS大学生笑星大赛”鼓励奖，成为第七届公开招聘笑星
上午7点30分(25岁)1997年	《喜剧世界》
上午8点06分(27岁) 1999年	《徐世源 SHOW》《Talk-box》
上午8点24分(28岁) 2000年	《吖！在深夜》
	《韩国看得见》
	《帅气的朋友们》
	《目标完成，星期六！》
	《明星生存，同居同乐》
上午8点42分(29岁) 2001年	《感叹号》之《书书书！一起读书吧！》
	《SUPER TV，星期天真好》之《MC大碰撞》
	《戏剧王国》
上午9点(30岁) 2002年	《换个心情，星期三》之《美味大对决》
上午9点18分(31岁) 2003年	《Happy Together》之《餐盘练歌厅》
	《SUPER TV，星期天真好》之

	《危险招待》，
	《天下第一，外国人球队》
	《星期天真好》之《刘在锡感慨万分》，
	《寻找X-MAN!》
上午9点36分(32岁) 2004年	《刘在锡和金元熙的来玩吧》
上午9点54分(33岁) 2005年	《Happy Together》之《朋友们》
	《星期六》之《无谋挑战》，
	《无理挑战》
	《强力推荐，星期六》之
	《无限挑战：竞猜达人》
上午10点12分(34岁) 2006年	《星期天真好》之《NEW X-MAN》
	《无限挑战》
上午10点30分(35岁) 2007年	《星期天真好》之
	《做吧，GO!》《老电视》
	《奇迹的胜负师》
	《Happy Together》第三季
上午10点48分(36岁) 2008年	《星期天真好》之《家族的诞生》
上午11点24分(38岁) 2010年	《星期天真好》之《RUNNING MAN》
正午(40岁) 2012年	《Happy Together》《来玩吧》
	《无限挑战》
	《RUNNING MAN》 播出中

参考书籍

《徐世源脱口秀》——徐世源SHOW制作组，昌和昌出版社

《打破常规》——宋昌义， Random House出版社

《健谈人士的1%个秘密》——田中英夫， T字出版社

《幽默才会赢》——沈相勋， 山姆和帕克出版社

《脱口秀的说话艺术》——金日忠， J出版社

《幽默改变人生》——金培振， 茶山出版社

《喜剧PD笑声制造秘籍》——李相勋，SBS制片

《好感度激增200%——聊天的艺术》——涉谷昌三，知识旅行出版社

《愉快的幽默》——金振培，树的思考出版社

《恋爱需要说》——李在穆，生活屋出版社

《像刘在锡一样说，像姜虎东一样做》——徐炳基，双人传媒出版社

《他为什么总是第二人》——裴有利，拥有未来的人们出版社

《领导者的幽默Style》——崔圭祥， Tornado出版社

《坚持自我的技术——致韩国的而立一代》——李贞淑，韩国经济新闻出版社

《从幽默开始》——李相勋，生活出版社

《创造一流人生的三流人》——金诚信，轻松商务出版社

《震撼韩国的Cool能量》——姜俊满，人物与思想出版社

《安哲秀的一句话逗笑了金济东》——金玉林，书迷出版社

《有梦想的乌龟不会累》——金炳万，SilkRoad出版社

《交叉汇率》——郑宰胜、陈重权，熊津知识屋出版社

《毒言德语》——津田秀树、西村锐介，智慧屋出版社

《热情病毒》——池胜浩，正确知识出版社

《决定性瞬间的幽默》——金振培，诗雅出版社

《因为痛，所以叫青春》——金兰都，山姆和帕克出版社

《电视脱口秀节目的准社会性互动对收视效果带来的影响》——李允锡，2007年，《KBS通报》

·本书还参考了很多新闻和博文。此处一并致谢！